Face
à une guerre
sainte

Du même auteur

Aparté. Conceptions et morts de Sören Kierkegaard,
Aubier-Flammarion, coll. « La Philosophie en effet », 1977.

Volume. Philosophies et politiques de l'architecture,
Galilée, coll. « La Philosophie en effet », 1992.

Critique de l'égocentrisme. L'événement de l'autre,
Galilée, coll. « La Philosophie en effet », 1996.

Politique des sexes, Seuil, 1998 ; éd. revue et augmentée,
précédée de « Mise au point sur la mixité »,
coll. « Points Essais », n° 615, 2009.

Le Passeur de temps. Modernité et nostalgie,
Seuil, coll. « La Librairie du XXIe siècle », 2000.

Journal interrompu : 24 janvier-25 mai 2002,
Seuil, 2002.

Métaphysique des sexes.
Masculin / féminin aux sources du christianisme,
Seuil, « La Librairie du XXIe siècle », 2005 ;
coll. « Points Essais », n° 562, 2007.

Engagements, Seuil, 2007.

Drame des sexes. Ibsen, Strindberg, Bergman,
Seuil, coll. « La Librairie du XXIe siècle », 2008.

Corps en miettes, Flammarion,
coll. « Café Voltaire », 2009 et 2013.

Femmes entre sexe et genre, Seuil,
coll. « La Librairie du XXIe siècle », 2012.

Le Tiers-Corps. Réflexions sur le don d'organes, Seuil,
coll. « La Librairie du XXIe siècle », 2018.

L'Homme désincarné. Du corps charnel au corps fabriqué, Gallimard,
coll. « Tracts », n° 7, 2019.

Sylviane Agacinski

Face à une guerre sainte

Seuil

Cet ouvrage a été édité
sous la direction de
Maurice Olender.

ISBN 978-2-02-151278-6

www.seuil.com

« Il y a dix ans seulement, les gens de ma génération pouvaient encore s'étonner en constatant que la religion n'appartenait pas uniquement au passé, mais bel et bien au présent. Cependant, on s'habitue sans doute à son propre étonnement, si bien qu'à la fin on ne s'étonne plus. Et il est vrai qu'aujourd'hui la résurgence de la religion a pris une ampleur considérable. De même, d'ailleurs, que la résurgence des nationalismes. »

Jean-Pierre Vernant (1991)[1]

1. Jean-Pierre Vernant, « Quand quelqu'un frappe… », *Le Genre humain*, n° 23 : « Le religieux dans le politique », 1991 ; repris dans *Entre mythe et politique*, Paris, Seuil, coll. « La Librairie du XXe siècle », 1996.

Préambule

Aux yeux des Européens du XXe siècle, l'apparition de nouvelles guerres à dimension religieuse semblait improbable tant les courants de pensée dominants étaient alors marqués par une « démystification » philosophique et politique de la religiosité (depuis les philosophes des Lumières jusqu'à Comte, Nietzsche, Marx et Freud). En France, un recul sensible de la pratique religieuse et la pérennité des institutions républicaines laïques ont fait croire à un réel reflux de la religiosité, à la disparition du cléricalisme et même à un processus irréversible de laïcisation des sociétés et des États.

Mais c'était compter sans la résurgence du religieux dans le monde. Contre toute attente – parce que nous avions la mémoire courte –, les religions se sont à nouveau imposées en tant que facteurs d'*unité culturelle* et d'*identité collective* nationale ou supranationale, qu'il s'agisse du judaïsme, du christianisme (catholique ou protestant), de l'orthodoxie, de l'hindouisme, du bouddhisme ou de l'islam.

Pour mesurer les transformations du monde et de ses interprétations, rien n'est plus instructif que de comparer les analyses de Raymond Aron sur le monde et ses tensions au cours des années 1960 à celles de Samuel Huntington dans *The Clash of the Civilizations*, près de quarante ans plus tard[1]. Le politologue américain aurait sans doute été d'accord avec l'idée d'une *anarchie* du monde au sens où, selon Aron, il n'existe « aucune puissance supranationale capable de s'imposer à toutes les nations[2] ». En revanche, alors que les religions sont absentes de la grille de lecture de Raymond Aron, si ce n'est sous la forme de ce qu'il a appelé les « religions séculières », comme le communisme, Huntington voit dans la religion une composante majeure des cultures et des civilisations et le ressort principal des conflits mondiaux depuis les années 1980. Non seulement des conflits identitaires opposent les unes aux autres des tribus, des ethnies, des cultures, des religions et les civilisations, mais ils divisent aussi les sociétés occidentales

1. Samuel Huntington, *The Clash of the Civilizations and the Remaking of World Order* [1996], trad. fr. *Le Choc des civilisations*, Paris, Odile Jacob, 1997.

2. Raymond Aron, *Les Désillusions du progrès. Essai sur la dialectique de la modernité* [1969], in *id.*, *Penser la liberté, penser la démocratie*, Paris, Gallimard, coll. « Quarto », 2005, p. 1656.

de l'intérieur au nom d'une idéologie multiculturaliste qui a déjà beaucoup progressé aux États-Unis et trouve aussi des partisans en Europe.

On admettra sans peine que les religions jouent à nouveau un rôle important dans la formation des cultures et des civilisations et que l'islam est devenu l'« idéologie » la plus mobilisatrice dans le monde arabe depuis le jihad défensif lancé en Afghanistan contre l'armée soviétique, en 1979. Mais sont-elles pour autant le ressort principal des conflits mondiaux ? On chercherait en vain un enjeu religieux ou civilisationnel dans la guerre actuelle de la Russie contre l'Ukraine. Les deux pays sont très proches par leur culture et leur religion puisque l'Église orthodoxe était commune à Moscou et à Kiev depuis 1686. Le patriarcat de Kiev est né en 1992 après la fin de l'Union soviétique, lorsque l'Ukraine a conquis son indépendance. Il coexiste aujourd'hui avec deux autres Églises orthodoxes, dont l'une est rattachée au patriarcat de Moscou. Ici, c'est un clivage politique qui entraîne une division religieuse et non l'inverse. Le soutien du patriarche de Moscou à Vladimir Poutine, dès le début de cette guerre de conquête, obéissait lui-même à un intérêt politique et financier sans rapport avec un enjeu religieux ou civilisationnel.

*

Après des phases de retrait apparent, les religions ont été de nouveau impliquées dans des actions politiques, comme des mouvements d'indépendance et de libération nationale. Mobilisées pour des actions révolutionnaires, pour renforcer des régimes autoritaires ou pour appuyer des stratégies de politique intérieure, elles ont joué un rôle dans la construction ou la reconstruction d'États-nations après la fin du bloc soviétique et l'éclatement de la Yougoslavie. Dans tous les cas, elles sont redevenues des marqueurs de l'identité nationale : orthodoxie des Serbes et des Roumains, islam des Bosniaques, catholicisme des Croates, des Polonais et des Hongrois. Dans d'autres régions, l'Irlande du Nord à majorité protestante et l'Irlande du Sud catholique (république d'Irlande) sont séparées, le Pakistan musulman s'est détaché de l'Inde dès 1947, et l'on voit de nos jours se durcir le nationalisme hindouiste (qui s'en prend aux chrétiens et plus violemment encore aux communautés musulmanes). Au Moyen-Orient, Israël s'est défini comme État juif et, parallèlement, la cause palestinienne s'est islamisée.

Plus remarquable encore est ce qu'on pourrait appeler l'insurrection de l'islam, illustrée de façon saisissante par la révolution islamique chiite de 1979, en Iran, l'émergence, la même année, du jihad sunnite lancé contre l'occupation soviétique en Afghanistan, la réislamisation de la Turquie par Recep Erdogan, le déploiement de courants et d'organisations islamistes dans le monde, articulés ou non au surgissement d'une *guerre sainte* multiforme qui s'est globalisée au début des années 2000.

Je ne mets pas de guillemets à *guerre sainte*, car l'adjectif qualifie ici le sens religieux que donne à son acte celui qui prend les armes au nom de son Dieu et non pas le jugement de valeur que vous ou moi pouvons porter sur cet acte.

Il est vrai que, selon l'usage, la *guerre sainte* a longtemps désigné en français les croisades dont la première a été lancée en 1095 par le pape Urbain II contre « les infidèles » pour reconquérir Jérusalem et les Lieux saints (le Saint-Sépulcre, tombeau du Christ). Mais la formule s'est étendue aux guerres que mènent les fidèles d'une religion au nom de leur foi, notamment le jihad, « guerre sainte des musulmans ».

Le fait de tuer au cri de *Allah Akbar !* – « Allah est grand ! » – suffit, en tout cas, à signifier la dimension religieuse d'un combat inscrit dans le cadre du jihad.

Si cette guerre donne à l'islam un visage redoutable, elle n'est pourtant menée que par la fraction combattante de certaines « mouvances islamistes ». De plus, cette guerre non classique menace au premier chef les sociétés et les populations musulmanes. Elle divise en effet tragiquement les fidèles du Prophète et les pays musulmans entre eux en faisant d'innombrables victimes dans leurs rangs : à partir de 2013, le jihad est devenu la cause principale des morts par terrorisme dans le monde (63,4 %), parmi lesquels 91 % des victimes sont des musulmans[1].

Ce combat religieux interne au monde islamique n'en est pas moins tourné aussi contre le « monde occidental », *mécréant* et *impie*, monde peuplé d'*athées*, de *juifs* et de *chrétiens* (identifiés aux *anciens croisés*). La France a été jusqu'ici, parmi les nations européennes, la plus gravement meurtrie lors des attentats commis contre les populations civiles par des réseaux jihadistes. Or ce pays compte une importante population proche de l'islam par sa foi ou ses origines familiales, une population aujourd'hui déchirée par les courants islamistes.

Porteurs d'une idéologie politico-religieuse extrêmement sectaire, ces courants sont dangereux pour l'ensemble de la société et pour les Français musulmans eux-mêmes, que j'appellerai musulmans *traditionnels* pour les distinguer des islamistes, ou musulmans *pacifiques* pour les distinguer des jihadistes.

Le plus tragique, et le plus cruel pour notre pays, est que depuis 2015, année terrible, environ trois quarts

1. Selon l'étude de Dominique Reynié publiée par la Fondation pour l'innovation politique (nov. 2019).

des attentats commis en France l'ont été par des Français musulmans (qui ne se seraient sans doute pas nommés eux-mêmes de cette façon).

Dans les pages qui vont suivre, face à ceux dont le fanatisme fracture les sociétés et à ceux qui s'engagent dans la lutte armée, je me demanderai d'abord : « Qui sont-ils ? »

La difficulté est d'éviter les simplifications. Cette question porte exclusivement sur les acteurs de cette guerre et sur les auteurs et apologistes des doctrines islamistes, car elles sont le terreau sur lequel a germé la guerre sainte.

Chemin faisant, j'aurai aussi à poser une question corollaire de la précédente, et tout aussi inévitable, à savoir : « Qui sommes-nous ? »

Je n'ignore rien des ambiguïtés de ce sujet pluriel aux usages innombrables. L'usage du pronom pluriel « nous » renvoie en général à une forme de « communauté », c'est-à-dire à autre chose qu'une simple pluralité. Personne ne dit « nous » en pensant à tous les inconnus qu'il croise par hasard dans une gare et avec lesquels il ne forme qu'un ensemble aléatoire et éphémère. Dans tous les cas, le « nous » est différentiel, relatif à d'autres, proches voisins ou lointains étrangers, pas forcément ennemis. Il n'empêche, le sujet pluriel prend corps avec plus de nécessité dans l'adversité ou face à l'hostilité. Le phénomène est connu : devant un danger, une agression, et par-dessus tout une guerre, la société ou le monde dont on faisait partie *sans y penser* apparaît d'un seul coup comme une véritable communauté à laquelle on a conscience d'appartenir et à laquelle on *tient*. On peut *tenir* à sa famille et à ses amis, à sa nation, à sa religion, voire à sa civilisation, autant d'attachements avivés par les guerres.

Je parlerai surtout de la France, parce que le « cadre » national est concerné au premier chef chaque fois qu'il s'agit de guerre, de politique, voire de religion, et que le jihad a désigné la France comme son ennemie. J'en parlerai comme d'une nation singulière qui ne se définit ni par le sang ni par une confession religieuse. Ce sera pour moi l'occasion de me demander à quoi je tiens en parlant de la France.

Les hommages rendus aux victimes des attentats par les officiels et par la société ont suscité une forte émotion dans le pays, comme chaque fois qu'une communauté se recueille autour de ses morts. La manifestation de grande ampleur organisée place de la Bastille à Paris et dans les grandes villes de France après les attentats de janvier 2015 (qui ont atteint la rédaction de *Charlie Hebdo*, les clients de l'Hyper Cacher, une policière et un policier) a donné l'image d'une nation blessée, mais unie par ses principes et prête à résister à la terreur.

Pourtant cette image était en partie illusoire car la France n'était pas unie.

Le plus glaçant fut d'apprendre que Mohamed Merah était natif de Toulouse, que les tueurs de *Charlie*, les frères Kouachi, étaient tous les deux nés à Paris, et que le tueur de l'Hyper Cacher, Coulibaly, était un enfant de Juvisy-sur-Orge.

Les enquêtes approfondies sur le « jihadisme français[1] » l'ont montré depuis : la guerre sainte n'est pas seulement un événement venu d'ailleurs, elle s'est aussi installée à l'intérieur du pays, nul ne sait pour combien de temps. La situation est si grave que le recteur de la Grande Mosquée de Paris, Chems-Eddine Hafiz, a jugé nécessaire de publier à l'intention des fidèles un *Manifeste contre le terrorisme islamiste*[2]. Le temps est donc révolu où l'on parlait des « terroristes » sans autre précision, en partie pour éviter les « amalgames » entre l'islamisme guerrier et les musulmans traditionnels qui aspirent à la paix. Car c'est en ignorant la spécificité des jihadistes et de leurs doctrines et en dissimulant les conflits qui divisent les musulmans entre eux que l'on

1. Hugo Micheron, *Le Jihadisme français. Quartiers, Syrie, prisons*, Paris, Gallimard, 2020.

2. Chems-Eddine Hafiz, *Le Manifeste contre le terrorisme islamiste. Écoutez-moi !*, Paris, Éd. Erick Bonnier, 2021. Voir aussi sa conférence mise en ligne par l'Institut Diderot : « Manifeste contre le terrorisme islamiste », <www.institutdiderot.fr>, novembre 2021.

installe une confusion redoutable pour l'ensemble des personnes de culture musulmane qui vivent en France.

Le 11 janvier 2015, place de la Bastille, certains Français musulmans étaient bien présents, comme aux manifestations de Toulouse et de Strasbourg, mais d'autres n'osaient plus se montrer tant ils souffraient en silence d'être regardés avec suspicion, et d'autres encore, parmi lesquels des lycéens, se sont montrés franchement réfractaires à l'émotion générale et, sans forcément justifier les crimes terroristes, refusaient de les condamner. En revanche, ils condamnaient ouvertement les caricatures du Prophète et recevaient le slogan « Je suis Charlie » comme une insulte à l'islam.

Les études publiées sur les générations issues de parents ou de grands-parents venus du Maghreb ou de pays africains indiquent qu'une partie d'entre elles vit dans des conditions sociales et culturelles précaires, se sent victime de discriminations, rencontre des difficultés d'intégration et cherche son identité. Ce phénomène n'est pas nouveau et il est observé dès les années 1980, par exemple par Fernand Braudel qui souligne le « problème culturel » posé par l'islam à la réussite de l'intégration[1].

Mais l'islam n'était pas encore en France un motif de clivages et de conflits. Il ne divisait pas encore les

1. Fernand Braudel, *L'Identité de la France. Les hommes et les choses* [1986], Paris, Flammarion, coll. « Champs », 1990, p. 217.

musulmans entre eux comme il déchire également la société depuis la montée des islamismes. Il y a ceux qui se révoltent contre la terreur du jihad, qui refusent les formes liberticides des doctrines et des pratiques islamistes, notamment celles qui concernent les relations entre les hommes et les femmes, mais qui respectent l'islam et les musulmans. Et il y a ceux pour qui toute critique de l'*islamisme* est le symptôme d'une haine de l'islam et des musulmans – autrement dit de « l'islamophobie » imputée à la société française et à l'État.

*

Face à la fois aux attaques terroristes et aux tensions culturelles dans notre pays, je me suis sentie obligée d'explorer le sens de ces phénomènes, ne serait-ce que pour mettre à l'épreuve mes positions et affects spontanés. Comment, d'ailleurs, écarter de nos questionnements les moteurs que sont nos affects et nos émotions ? L'important est de ne pas soustraire l'affectivité à toute rationalité. Parmi ces affects moteurs, en l'occurrence, je citerai sans fausse pudeur mon attachement à la France et l'angoisse de la voir déchirée.

Être *attaché* à la France par la naissance ou par le choix, c'est forcément s'approprier son passé, avec, comme on dit, ses ombres et ses lumières, sans pour autant s'en sentir responsable *a posteriori*. En tout cas, adopter l'histoire d'une nation est tout autre chose que de se prévaloir d'une *origine* commune.

Je me souviens qu'à l'école primaire on nous parlait du temps où « la France s'appelait la Gaule ». Je n'ai pas souvenir qu'on nous ait fait réciter « Nos ancêtres les Gaulois », mais cette formule n'est pas si sotte si l'on veut bien considérer que la référence à des « ancêtres » communs prend ici un sens éminemment symbolique et ne renvoie nullement à des ancêtres réels. Personne ne peut d'ailleurs penser que ses lointains aïeuls étaient, en ligne directe, d'authentiques Gaulois ! Parfois le *rattachement* à la France par la nationalité précède l'attachement à la France, parfois c'est l'inverse, mais ni l'un ni l'autre ne dépendent de caractères « ethniques » ou de quelque « souche » ancestrale réelle.

Peut-être suis-je particulièrement sensible à ce qui noue ensemble la nationalité à l'histoire en raison de la façon dont mon père a vécu, encore enfant, son entrée à l'école communale et son identification à la France et à son histoire. Fils d'un père polonais boiseur dans les mines, arrivé dans le département du Nord avec un contrat de travail, un logement et même un déménagement remboursé par « la Mine », mon père fut d'abord instruit dans une école polonaise catholique avant de rejoindre, vers sept ou huit ans, l'école primaire de la commune. Là, non seulement il est tombé amoureux de la langue française mais, comme il nous le confia en souriant à la fin de sa vie, il a « échangé les rois de Pologne contre les rois de France ». La République a ensuite remplacé les rois mais, comme l'exprimait Marc Bloch, pour comprendre l'histoire de France il faudrait pouvoir à la fois « vibrer » au souvenir du sacre de Reims et lire avec « émotion » le récit de la fête de la Fédération. Le grand historien reconnaissait que la chose n'était pas facile et que beaucoup d'entre nous réservent leurs émotions à l'un ou à l'autre de ces événements fondateurs. L'important est de saisir le caractère affectif du lien à une nation et à son histoire. Ce lien fait partie des multiples raisons de la persistance du *fait national*, confirmé par le « retour de la nation » dans la vie politique comme chez les historiens en tant que « clé d'interprétation de l'histoire du monde depuis trois siècles », selon les termes de Pascal Ory[1]. Dans la voie ouverte par Marc Bloch, des historiens ont confirmé la fécondité des recherches sur la nation : pensons aux *Lieux de mémoire*, œuvre imposante imaginée et éditée par Pierre Nora et écrite à plusieurs voix[2].

Le « retour » de la nation s'observe aussi dans la vie politique elle-même, avec tous les périls qui l'accompagnent – c'est-à-dire les versions xénophobes

1. Pascal Ory, *Qu'est-ce qu'une nation ? Une histoire mondiale*, Paris, Gallimard, 2020.

2. Pierre Nora (dir.), *Les Lieux de mémoire*, Paris, Gallimard, coll. « Bibliothèque illustrée des histoires », 1984-1992, 3 tomes.

et belliqueuses des nationalismes. Le fait national n'en reste pas moins un sujet de réflexion incontournable face non seulement au jihad mais aussi à l'émergence d'une culture religieuse « intégriste » et dogmatique qui met en question certains modes de sociabilité de notre pays ou certains principes de son droit civil.

La question de savoir *qui nous sommes* et qui nous voulons être, *ensemble et sans exclusion*, concerne ainsi la communauté nationale dans son tout, quelles que soient nos histoires familiales et nos croyances ou incroyances. Je dis cela en songeant à tous ceux, venus d'ailleurs, pour qui la France est devenue leur patrie, comme le docteur Salem Kacet : à huit ans, il a quitté l'Algérie avec ses parents. Arrivé en France, il y fait ses études et devient le « premier professeur de médecine maghrébin ». Devenu français à trente-deux ans, le cardiologue raconte : « Pendant des années, je disais "ils" en parlant des Français, et puis un jour, je me suis surpris à dire "nous"[1]. »

*

Le deuxième affect moteur qui m'a incitée à réfléchir aujourd'hui à la question religieuse soulevée par les islamismes est un attachement indéfectible à la liberté

1. Voir Sadek Hajji et Stéphanie Marteau, *Voyage dans la France musulmane*, Paris, Plon, 2004, p. 19.

et le sentiment que l'égalité entre les hommes et les femmes, acquise de fraîche date, reste fragile.

L'idée que le statut ancestral de « la femme » en tant qu'être humain secondaire et assujetti à l'autorité masculine puisse revenir à l'ordre du jour me semblait absolument improbable, comme à la plupart d'entre nous – un *nous* à entendre ici au féminin. Si cette idée avait pu revenir en France au sein de courants catholiques, protestants ou juifs, nous l'aurions regardée comme une régression totalement incongrue. À vrai dire, elle nous aurait fait rire. Le fait qu'elle revienne dans les bagages d'un islam radicalement « réformé » et encore mal connu m'a personnellement désemparée.

Quand la question du « foulard islamique » a surgi en France, au sein de l'école, j'ai même tout d'abord pensé que l'impératif majeur était l'instruction de quelques filles rebelles ou endoctrinées et que, en cultivant leur esprit, la question un peu ridicule de ce qu'elles portaient sur la tête s'effacerait d'elle-même.

Mais j'ai dû me rendre à l'évidence : la prescription du « foulard islamique » pour les femmes et les jeunes filles dans notre pays était l'effet direct de la pression de mouvements politico-religieux islamistes et intégristes qui dépassaient largement le cadre de notre société.

Ayant étudié jadis, pendant quelque temps, la hiérarchie masculin / féminin dans le cadre du christianisme primitif[1], j'étais tout de même avertie de la signification du voile et je n'ai pas été étonnée outre mesure de voir cet accessoire remis à l'ordre du jour par des doctrinaires fondamentalistes. Je n'en ai pas moins vécu comme un traumatisme le retour, dans notre société, non pas d'un banal vêtement féminin mais d'un symbole venu du fond des temps.

*

À partir de là, j'ai voulu explorer le phénomène de ce retour pour voir au nom de quoi notre culture éthique, juridique et politique devait et pouvait lui résister, ou bien si, déjà arrivés à un point de non-retour, nous étions engagés sur la voie d'une société multiculturaliste où chaque tribu vivrait selon ses propres lois et que d'aucuns appellent de leurs vœux.

Je commencerai cette exploration par une approche de la relation entre le politique et le religieux – deux dimensions de la vie sociale qui demandent à être remises dans une perspective historique.

1. Sylviane Agacinski, *Métaphysique des sexes. Masculin / féminin aux sources du christianisme*, Paris, Seuil, coll. « La Librairie du XXIe siècle », 2005, et coll. « Points Essais », n° 562, 2007. Voir le chapitre « Le voile et la barbe », p. 169.

Politique et religiosité

Le divin et les dieux

On pourrait se demander si la résurgence du religieux répond à une aspiration propre, intrinsèquement religieuse en quelque sorte, ou bien si elle est liée à une crise du politique. Mais poser la question de cette façon supposerait bien établie la différence entre le religieux et le politique. Nous sommes habitués à séparer ces deux dimensions de la vie sociale, mais elles ont été ou sont encore étroitement intriquées l'une dans l'autre. L'opposition entre le religieux et le politique nous est familière en raison du modèle chrétien de la religiosité. Quelles que soient nos croyances ou incroyances personnelles, la culture dont nous avons hérité est imprégnée de thèmes, de représentations et de vocabulaire chrétiens dans tous les domaines. C'est pourquoi nous avons spontanément tendance à penser « la » religion comme la foi en un Dieu unique, transcendant et créateur, selon la représentation judéo-chrétienne du divin, et à séparer ce que nous appelons « le religieux » et « le politique » conformément à la parole évangélique qui recommande de rendre à César ce qui est à César et à Dieu ce qui est à Dieu.

Pourtant, la séparation du religieux et du politique ne va pas de soi et elle n'a rien d'universel. Pour s'en convaincre, il suffit de penser aux sociétés antiques grecques et romaines. Dans ce contexte, mieux vaut parler de formes de religiosité, puisqu'elles n'ont pas grand-chose à voir avec les religions monothéistes. On peut considérer qu'on a affaire à une forme de religiosité chaque fois que des hommes entretiennent des relations avec le divin, ce qui ouvre un champ plus large que celui de « la » religion, d'autant que les Grecs, par exemple, ont avec le divin au moins deux types de relations très différents.

D'un côté, le divin est l'affaire des philosophes : dans ce cas, il désigne l'absolu, l'Un éternel et immuable, l'être lui-même dans son unicité, l'immobile, le parfait, le céleste… autant de significations que le philosophe approche par la contemplation (*théôria*). Les différentes façons philosophiques de nommer le divin (pour Platon, Aristote ou Plotin) trouvent des échos dans la pensée mystique et bien entendu chez les théologiens chrétiens qui puiseront dans la philosophie des concepts absents des Évangiles. En tout cas, la contemplation du divin relève d'une activité de l'intellect (ou de l'esprit) sans rapport avec les pratiques cultuelles collectives, c'est-à-dire avec la « religion grecque » de la même époque.

D'un autre côté, en effet, les Grecs honorent les dieux de leur cité, divinités nombreuses, aussi éloignées de la pensée philosophique que du monothéisme. Comme l'explique Jean-Pierre Vernant, le mot *dieu* n'évoque pas du tout, pour le peuple grec, « un être unique, éternel, absolu, parfait, transcendant, créateur de la nature et de l'homme ». Les dieux de ce polythéisme n'ont pas créé le monde ; ils sont « nés en lui et par lui[1] ». Ces divinités surgissent au sein du cosmos, par générations successives, comme dans la *Théogonie* d'Hésiode. De plus, ces puissances divines interviennent constamment au sein de la nature comme dans la vie des cités avec lesquelles elles ont des liens particuliers.

Mais les mortels ne peuvent s'égaler aux dieux non mortels, ils doivent les respecter, composer avec eux et s'attirer leur bienveillance en observant un grand nombre de rituels, de fêtes et de pratiques traditionnelles qui couvrent l'ensemble de la vie familiale, sociale et politique. C'est dire que la religiosité des

1. Voir Jean-Pierre Vernant, « Formes de croyance et de rationalité en Grèce », in *id.*, *Entre mythe et politique*, Paris, Seuil, coll. « La Librairie du XXe siècle », 1996, p. 237-252.

Grecs est inhérente à leur vie civile. Nourrie de ses mythes locaux, elle ignore le prosélytisme, à la différence du christianisme et de l'islam[1]. Vernant insiste ainsi sur le fait que « la religion n'a aucun caractère universel, elle ne tend pas à dépasser la civilisation dans laquelle elle s'enracine [...]. Non, la religion grecque, c'est pour les Grecs[2] ! » Cette forme de religiosité émane par conséquent de la cité tout entière et s'y rapporte : elle est une dimension de la vie sociale et politique, comme la religiosité romaine.

La vie des Romains pendant la République était, elle aussi, entièrement imprégnée de piété et de *sacré*, de cultes, ponctuée de rituels, de prières et de sacrifices offerts aux dieux domestiques ou civiques. À l'époque impériale, un rapport nouveau s'établit entre les hommes et les dieux puisque Apollon, dieu du Soleil et de la Victoire, protège Rome et l'empereur contre ses envahisseurs barbares. On sait qu'après la mort de César en 44 avant J.-C., son fils adoptif, Octave, le fit diviniser et régna lui-même sous le nom d'Auguste (qui signifie « consacré » ou « béni des dieux »). Auguste imposa aux Romains l'idée de sa filiation divine, à la fois par son père César et par le dieu Apollon, son père

1. Sur le judaïsme, voir Édouard Will et Claude Orrieux, *« Prosélytisme juif » ? Histoire d'une erreur*, Paris, Les Belles Lettres, 1992.
2. *Ibid.*, p. 245-246.

et protecteur divin. Il fit même associer le culte de son propre *genius* à celui qu'on rendait dans les villes aux lares des carrefours. Sous le règne d'Auguste, il est donc difficile de séparer le politique du divin et du culte religieux, d'autant que l'empereur exerce les magistratures à la fois civiles, militaires et religieuses.

C'est dans ce monde romain, au temps de l'empereur Tibère, successeur d'Auguste, qui vient de confier la Judée au roi Hérode, qu'il faut imaginer l'événement du message de Jésus au sein de la communauté juive. Ce message rejette toute confusion et même toute relation entre Dieu et César et décrète la scission entre le politique et le religieux.

Dieu et César : une désacralisation chrétienne du pouvoir politique

On se souvient que, selon les Évangiles, certains des adversaires de Jésus lui demandèrent un jour, pour le piéger, s'il fallait ou non payer l'impôt à César. Considérant alors une pièce de monnaie romaine, Jésus leur fit remarquer qu'elle portait l'effigie et le nom de César, et leur répondit : « Rendez à César ce qui est à César et à Dieu ce qui est à Dieu[1]. » Avec ce propos tranchant,

1. Luc 20, 20-26, Marc 12, 13-17 et Matthieu 22, 15-21.

le Christ exprimait le principe de la différence absolue entre l'amour que l'on doit à Dieu et l'obéissance que l'on doit à l'empereur pour ce qui concerne le champ de ses prérogatives, comme la monnaie et les impôts.

Il revenait à César d'exercer son pouvoir politique dans le monde, sur cette terre, mais chacun devait comprendre que son pouvoir était sans commune mesure avec le royaume de Dieu. La scène peut être mise en parallèle avec celle où, à Ponce Pilate qui lui demande s'il est le roi des Juifs, Jésus répond : « Mon royaume n'est pas de ce monde. »

La rupture entre le divin et le politique est solidaire du long combat du christianisme contre le paganisme. Ce qui est absolument nouveau, avec le Christ, c'est le mystère de l'Incarnation et la promesse du *salut éternel*. Cette promesse a pour immense conséquence non seulement de dénier à l'empereur sa divinité (acquise depuis l'apothéose de César), mais aussi de *détacher* les croyants du monde terrestre et de désacraliser l'ensemble des choses de ce monde – les choses de la nature comme les affaires de la cité. Ce détachement constitue un aspect remarquable du christianisme de saint Paul.

Dans le monde du paganisme romain, plein de dieux, habité de puissances mystérieuses, bienveillantes ou malveillantes, et de démons dont saint Augustin lui-même craindra encore la perfidie, la nature chantée par Virgile était envoûtante, à la fois belle et inquiétante. Le christianisme primitif se détourne de cette nature enchantée. Dans sa première lettre, Jean écrit : « N'aimez ni le monde ni ce qui est dans le monde. Si quelqu'un aime le monde, l'amour du Père n'est pas en lui[1]. » Un certain *désenchantement du monde* commence là, avec l'avènement de l'Esprit, le détachement d'un monde désacralisé et la laïcisation du pouvoir politique.

Les choses auraient pu en rester là si l'apôtre Paul n'avait pas écrit dans son Épître aux Romains : « Que toute vie se soumette aux autorités qui la dépassent. Car il n'est pas d'autorité qui ne vienne de Dieu, et celles qui existent, c'est Dieu qui les a établies[2]. » Les « autorités » pouvaient désormais présumer une investiture divine. Mais surtout, l'histoire chrétienne prit un tout autre cours au tout début du IVe siècle à partir de la conversion au Christ de l'empereur Constantin. On ne peut imaginer renversement plus radical : César est regardé comme « image de Dieu sur terre », la foi chrétienne devient religion d'État et l'Église se territorialise en s'unissant à la « cité terrestre ». Ainsi s'est installé un système théologico-politique promis à un grand avenir. Le pouvoir resacralisé, exercé au nom du Christ et soutenu par l'Église catholique (littéralement :

1. 1 Jean 2, 15.
2. Paul, Épître aux Romains 13, 1, éd. Bayard.

universelle), abolissait la distance infinie entre César et Dieu. Dès lors, toutes les interférences entre l'Église et l'État étaient possibles. Dans un autre monde, en Arabie, l'islam naissait trois siècles plus tard, inscrit lui aussi dans l'histoire d'Abraham. Mais commençons par jeter un coup d'œil sur l'histoire de ce qui unit et oppose à la fois entre eux les trois monothéismes et leurs fidèles.

Les monothéismes, sources lointaines des conflits religieux ?

Dans ses *Lettres persanes*, Montesquieu exprime par une métaphore familiale les conflits entre les descendants d'Abraham et le destin douloureux du judaïsme lorsqu'il fait dire à Usbek, son voyageur persan : « La religion juive est une mère qui a engendré deux filles qui l'ont accablée de mille plaies… »

Les monothéismes successifs ont en effet engendré entre les communautés religieuses une rivalité particulière. Car s'il n'y a qu'un seul et unique Dieu, il ne peut y avoir aussi qu'une seule communauté de fidèles légitimes ou « vrais », tandis que les autres croyants semblent vivre dans l'erreur et l'impiété. Cette rivalité est d'autant plus profonde que tous disent descendre d'un même ancêtre commun, Abraham. Tout se passe comme si le même et unique Dieu s'était révélé aux hommes à trois reprises.

Une première fois, selon la Bible, environ mille ans avant notre ère, Dieu (*Yhwh*) noue une alliance (*berît*) avec le peuple d'Israël, faisant de lui son peuple élu. L'histoire de cette Alliance, qui a valeur de promesse, est relatée dans les cinq livres (Pentateuque) qui composent la Tora : la Genèse, l'Exode, le Lévitique, les Nombres et enfin le Deutéronome – texte qui inclut les « dix commandements » et dans lequel Moïse apparaît comme le porte-parole de Dieu. Moïse, « le Prophète par excellence », est aussi le législateur de son peuple.

Une deuxième fois, au sein du peuple d'Israël, naît Jésus, Fils de Dieu incarné. Selon la lecture chrétienne, il est le Sauveur, le messie annoncé par le prophète Isaïe. Le Christ est porteur d'une « Bonne Nouvelle » (Évangile) : Dieu noue une Nouvelle Alliance avec les hommes, ou plus exactement il envoie son Fils pour accomplir l'Ancienne Alliance en substituant la foi en Dieu et la grâce divine à l'observance de la Loi (la Tora). Ainsi s'annonce l'avènement d'un « homme nouveau », régénéré par l'Esprit saint. Le peuple d'Israël se trouve alors partagé entre ceux qui reconnaissent Jésus comme le messie attendu et ceux qui s'en tiennent à la Loi juive. Cette Nouvelle Alliance crée ainsi une nouvelle communauté de fidèles, initialement des Juifs christianisés (judéo-chrétiens), puis des chrétiens de diverses origines. Or, à partir du Ier siècle, s'appuyant sur les écrits de saint Paul, les premiers théologiens (les Pères apologistes) théorisent le lien entre l'histoire de la première Alliance (avec Israël), telle que la décrit la Bible, et celle de la seconde, racontée dans les Évangiles, pour montrer que la première était la *préfiguration* de la seconde Alliance. Ce point est capital.

Car si la Nouvelle Alliance remplace la précédente, l'ancien peuple d'Israël est appelé à se convertir et à se fondre dans cette nouvelle communauté, comme le fait Saul lui-même, membre de la communauté juive et docteur de la Loi, baptisé sous le nom de Paul (saint Paul) après sa conversion fulgurante sur le chemin de Damas. Dans son Épître aux Galates, Paul de Tarse définit la nouvelle communauté dans une formule qui deviendra le symbole de l'universalisme chrétien : « Il n'y a ni Juif ni Grec [c'est-à-dire ni juifs ni païens] [...] car tous vous ne faites qu'un dans le Christ Jésus[1]. » Paul signifie ainsi que la foi chrétienne abolit les peuples et les anciennes « nations » (*ethnoi*), y compris le peuple d'Israël, avec leurs caractères culturels propres, pour les faire entrer dans la communauté chrétienne.

1. Paul, Épître aux Galates 3, 28.

Le drame historique réside dans l'idée soutenue par les premiers théologiens, post-pauliniens, que les chrétiens sont le « vrai peuple de Dieu », le « véritable Israël » (*verus Israël*)[1], qu'ils succèdent à la communauté israélite dans le « plan de salut » prévu par Dieu pour les hommes et donc que les Juifs n'ont pas d'autre destin que de se convertir et de perdre leur raison d'être en tant que peuple religieux.

La conversion de Paul est ainsi restée symbolique d'une scission judéo-chrétienne singulière et jamais surmontée. Car si la Nouvelle Alliance se substitue à l'Ancienne Alliance, alors le judaïsme est « dépassé » par le christianisme, selon le plan divin, et le peuple juif devient en quelque sorte anachronique. George Steiner suggère même que « la répudiation de son peuple par saint Paul » pourrait bien être une des « sources effacées » de l'antisémitisme[2]. Pour ma part, je ne crois pas qu'on puisse aller dans ce sens, car la conversion de Saul (alias Paul) peut difficilement avoir une dimension *haineuse* à l'égard d'un peuple dont il est issu, ainsi que l'ensemble des apôtres et Jésus lui-même. De plus,

1. Sur ce thème du véritable Israël et la question du prosélytisme, voir Marcel Simon, *Verus Israël. Étude sur les relations entre chrétiens et juifs de l'Empire romain (135-425)*, Paris, 1948 ; réimpr. Paris, De Boccard, 1964 et 1983.

2. George Steiner, *Une certaine idée de l'Europe*, trad. de l'anglais par Christine Le Bœuf, Arles, Actes Sud, 2005, p. 55.

si la judéité avait une dimension charnelle, elle n'avait évidemment pas le caractère « racial » que lui attribuera l'antisémitisme moderne. Paul apporte d'avance une réponse à Steiner en expliquant dans son Épître aux Romains : « Dieu aurait-il rejeté son peuple ? Non, bien sûr. Puisque moi je suis israélite, né de la descendance d'Abraham, de la tribu de Benjamin[1]. »

Le principe d'une substitution de la communauté chrétienne au peuple d'Israël a toujours été inacceptable pour les Juifs, plus encore après le déchaînement antisémite et la Shoah en Europe, parce que la judéité désigne à la fois une religion et un peuple *vivant* qui, selon Emmanuel Levinas, se rattache « en ligne droite et ininterrompue au peuple de l'Histoire sainte ».

Sur ce point, l'Église catholique a pris un tournant théologique décisif en 1965, au concile Vatican II. Le paragraphe 4 de *Nostra Ætate*, promulgué par Paul VI, déclarait : « Les Juifs restent encore [...] très chers à Dieu, dont les dons et l'appel sont irrévocables. » Jean-Paul II souligna à son tour que l'Ancienne Alliance n'avait « jamais été révoquée ». Benoît XVI écrivit quant à lui dans son livre sur Jésus de Nazareth que « l'Église ne doit pas se préoccuper de la conversion des Juifs » puisque « Israël conserve sa propre mission » et, en 2018, il rejeta toute idée d'une théologie de la « substitution ».

1. Paul, Épître aux Romains 11, 1.

Néanmoins, d'un point de vue chrétien, la foi dépasse ou prend la relève de la loi, comme l'Esprit dépasse la lettre. Il est superflu d'insister ici sur la postérité philosophique du régime d'historicité déterminé par le messianisme chrétien et le « plan de salut » prévu par Dieu. Car le temps qui s'ouvre aux hommes après la chute, dès leur sortie du jardin d'Éden, est orienté par la fin ultime de leur aventure terrestre. Cette fin ultime est le retour de l'humanité à son innocence originaire après qu'elle aura traversé les deux moments principaux de son rapport à Dieu : les deux Alliances. Le passage de l'une à l'autre représente un *progrès historique* au cours duquel le Nouveau ne détruit pas l'Ancien, mais *le dépasse en l'accomplissant*. Ce schéma se maintient à travers la théologie et la philosophie. Avec Hegel, la philosophie fait au christianisme ce que lui-même avait fait au judaïsme : elle le *dépasse*, au sens où l'Esprit, dans le concept, prend la relève de sa représentation sensible (c'est-à-dire des figures de l'histoire sainte). La dialectique de la Raison gouverne l'histoire. La version matérialiste et marxiste-léniniste de cette dialectique a été qualifiée par Raymond Aron de « religion séculière », oxymore qui désigne la *transposition* de l'espérance du salut éternel *à la fin des temps* (donc hors du temps) vers un possible salut universel des hommes *dans le temps*, c'est-à-dire un salut *à venir* sur cette terre, grâce à une révolution communiste.

Avec l'Épître aux Galates, Paul de Tarse devint le fondateur d'un universalisme spirituel métamorphosé au cours de l'histoire par l'alliance de l'Église chrétienne avec l'impérialisme romain, puis par des universalismes « séculiers » qui tous prétendent universaliser ou mondialiser une doctrine politique ou économique.

Mais venons-en à la troisième forme de monothéisme, celle de l'islam.

Environ six siècles après Jésus-Christ, l'idée d'un Dieu unique apparaît une troisième fois sous un nouveau nom. Le prophète Mohammed, « descendant d'Abraham par Ismaël », annonce à son peuple que la parole d'Allah (le mot arabe signifie « le Dieu ») lui a été révélée en arabe par l'ange Gabriel. Annoncé par les prophètes d'Israël et par Jésus, selon le Coran, Mohammed se présente comme le dernier des prophètes, envoyé par Dieu pour instruire les hommes. Transcrite dans le Coran, sa parole a, elle aussi, une vocation universaliste puisque tous les hommes sont appelés à se joindre aux fidèles du seul Dieu, la communauté musulmane (*oumma*). Le Prophète reproduit ainsi à son tour la logique d'un dépassement-remplacement de l'Ancienne Alliance. Elle s'exprime par l'idée que « chaque peuple a son envoyé », que chacun des grands prophètes succède au précédent et le remplace.

En 2020, un jeune prédicateur du mouvement tabligh[1] explique lors de sa tournée prosélyte dans une salle de loisirs de l'Île-de-France, à Sevran : « Le Dieu des chrétiens, des juifs, des musulmans, c'est le même Dieu. Et les religions, ça se suit. On croit à Jésus. On croit à tous les prophètes, et le dernier, c'est Muhammad[2] ! »

En théorie, on pourrait penser que l'idée d'un même Dieu portant plusieurs noms aurait dû permettre d'éviter la rivalité entre juifs, chrétiens et musulmans. Cela n'a pas été le cas parce que les peuples s'identifient au nom de leur dieu, ou de leurs dieux. Les théologiens peuvent presque toujours discuter entre eux, mais l'histoire raconte autre chose que la théologie.

De fait, cette rivalité a longtemps nourri le vieil antijudaïsme chrétien. Elle est revenue périodiquement entre musulmans et chrétiens, notamment à l'époque des croisades et à celle de la colonisation. Elle était également présente au début de l'Empire omeyyade sous l'autorité duquel la condition des non-musulmans (*dhimmi*) était strictement réglementée par une sorte de pacte[3]. Les juifs et les chrétiens en tant

1. Le mouvement « Jama'a at-tabligh » existe en France sous le nom de « Foi et pratique ».

2. Cité par l'enquête de Mohamed Chanfiou « Le Tabligh en Île-de-France », in Bernard Rougier (dir.), *Les Territoires conquis de l'islamisme*, Paris, PUF, 2020.

3. Des historiens font état de l'existence d'un pacte d'Omar (ou Umar) situé en 717, dont l'original est perdu, mais qui a laissé des traces.

que « gens du Livre » étaient en principe « protégés » par un régime juridique spécial (la *dhimma*) fixant leurs droits, leurs devoirs et le paiement d'un impôt (la capitation) en échange de leur reddition au pouvoir musulman, avec la liberté d'appliquer dans leur communauté un droit civil spécifique. Ce régime comportait un grand nombre d'interdits, voire de brimades, si l'on en croit la version du pacte signée par les chrétiens de Syrie. Ceux-ci s'engageaient par exemple à ne pratiquer aucun prosélytisme, ne porter aucune arme, ne pas monter à cheval, s'incliner devant les musulmans et ne pas s'habiller comme eux[1]. La condition des juifs était semblable à celle des chrétiens et ils devaient eux aussi se distinguer des musulmans par leur nom et par leur apparence. Il leur était interdit de porter le turban et de s'habiller comme les musulmans. Dans tous les empires musulmans, sous la dynastie des Omeyyades ou des Abbassides comme dans l'Empire ottoman, on tolérait l'existence de minorités religieuses sur la terre d'islam à condition qu'elles restent visiblement distinctes, séparées, et qu'elles acceptent un statut globalement inférieur à celui de la société musulmane. La condition des *dhimmi* dans les empires islamiques se

1. Cette version pourrait être une compilation de mesures successives. Voir Isabelle Safa, « Le pacte d'Umar », *Les Cahiers de l'Orient*, nº 118, 2015/2, p. 23-25, <www.cairn.info/revue-les-cahiers-de-l-orient-2015-2-page-23.htm>.

dégrade en particulier pour les chrétiens dès le début des croisades au XIe siècle, tandis que dans les empires chrétiens commencent les persécutions des juifs.

Au cours de l'histoire, aucun monothéisme n'a englobé les autres ou conduit à la formation d'un seul et unique peuple de Dieu, transcendant toutes les nations. Les trois ont survécu, mais de façon singulière, ce qui les rend finalement assez peu comparables. Christianisme et islam se sont territorialisés et institués : en épousant secondairement un pouvoir impérial pour le christianisme, tandis que l'islam, non dépourvu de dimension spirituelle élevée, était immédiatement conçu comme une communauté terrestre destinée à s'étendre. Le judaïsme s'est reterritorialisé tardivement avec la fondation de l'État d'Israël, en 1948, sur des territoires déjà habités par des Palestiniens.

On peut se demander si les conflits du monde contemporain relèvent d'une survivance de la rivalité ancestrale entre les trois anciennes religions monothéistes, ou même, avec Samuel Huntington, si au-delà des luttes idéologiques d'hier ces conflits opposent des civilisations différentes définies principalement par leur religion.

Dans quelle mesure peut-on dire par exemple que le conflit tragique qui oppose l'État d'Israël à l'État palestinien (colonisé et en partie occupé illégalement par son voisin) est un conflit religieux ? En un sens, il paraît l'être, puisque Israël s'est défini comme un « État juif » et qu'une partie des Palestiniens se réclament de l'islam, voire du jihad. Pourtant, si pour chacun des deux peuples l'identité religieuse et l'identité nationale sont l'une et l'autre l'objet d'une sacralisation, l'enjeu de ce conflit est avant tout d'ordre territorial, et donc essentiellement national. Ce que l'on peut dire, c'est que, sans que cela soit complètement nouveau, le regain du religieux dans le monde marque de son empreinte les identités collectives et nationales et que les États se réapproprient les identités religieuses et font de plus en plus cause commune avec elles. Comme on l'a évoqué à propos des empires de jadis ou de la Russie et de l'Ukraine aujourd'hui, ce sont les Églises qui se territorialisent, se politisent, et donc se divisent.

Une résurgence du religieux : islam, islamismes, jihad

L'islam

Pour des Occidentaux peu familiarisés avec l'histoire du monde musulman, comme c'est mon cas, il serait vain de tenter de donner un aperçu de l'islam, d'en esquisser une définition, même sommaire, et à plus forte raison de décrire une carte des islamismes contemporains ou d'entrer dans la complexité de tous les conflits doctrinaux et politiques opposant les musulmans les uns aux autres. Certains auteurs jugent même qu'il est problématique de parler de « l'islam en général ».

Vu de loin, l'islam désigne une seule religion fondée sur la révélation du Coran, dicté par Dieu lui-même au Prophète, texte auquel s'ajoutent les recueils de ses actes et de ses paroles (la Sunna et les Hadiths). L'ensemble des musulmans forment l'*oumma*, la « nation du Prophète », dont la langue sacrée est l'arabe et qui distingue, dans le monde, la Terre ou la Maison de l'islam (*Dar al-Islam*) d'une part et le territoire des infidèles et de la guerre (*Dar al-Harb*) d'autre part. Mais l'histoire de cette religion est si fragmentée qu'on a pu parler aussi d'une *mosaïque de cultures*. La première fragmentation commence très tôt, après la mort du Prophète en 632, avec la rivalité entre ses héritiers. Elle n'a cessé d'opposer depuis lors les sunnites, successeurs du premier calife, compagnon du Prophète (et père de son épouse Aïcha), et les chiites, successeurs d'Ali, cousin, compagnon et gendre du Prophète. Encore aujourd'hui, cette rivalité intense oppose entre eux deux grands États, l'Arabie saoudite et l'Iran, chacun s'efforçant d'établir son hégémonie sur l'*oumma* tout entière.

Parler de réveil ou de résurgence, c'est suggérer l'idée d'un sommeil, ou d'une vie souterraine de l'islam, en dépit de son reflux historique apparent, notamment à l'époque coloniale et postcoloniale. Ce réveil s'est manifesté de façon particulièrement impressionnante avec la révolution iranienne de 1979 et l'instauration d'une République islamique, avec la réislamisation de l'Égypte après Nasser et de la Turquie après le régime de Mustafa Kemal Atatürk, et plus largement avec la montée en puissance de doctrines islamistes qui prétendent restaurer un islam purifié et authentique et fédérer tous ceux qui rejettent la domination occidentale et ses modèles culturels et politiques.

Les islamismes

À survoler l'histoire, on peut penser que le réveil insigne de l'islam fut consécutif au démantèlement de l'Empire ottoman après la Première Guerre mondiale, c'est-à-dire après le découpage du Moyen-Orient prévu par l'accord secret entre Londres et Paris, dit « Sykes-Picot » (appliqué en 1920). Dans l'entre-deux-guerres, l'humiliation des populations musulmanes, souvent évoquée de nos jours pour comprendre les passions islamistes, se faisait déjà sentir face à la colonisation. Il semble que cette colonisation ait été vécue, sans doute des deux côtés, « sous le signe imaginaire d'un contentieux islamo-chrétien[1] ». Par exemple : en dépit de leurs promesses, les Français ont transformé en cathédrale la grande mosquée Ketchaoua, à Alger, dès 1832. Comment l'islam aurait-il pu ne pas devenir l'un des signifiants majeurs de l'identité algérienne par opposition aux colons ?

Dès 1933 paraissait un ouvrage intitulé *Le Réveil de l'islam et des Arabes*. Eugène Jung, un haut fonctionnaire français, ancien vice-résident de France au Tonkin, y exposait les motifs de la tenue du Congrès

1. Gilbert Meynier, « L'Algérie, la nation et l'islam : le FLN, 1954-1962 », *Raison présente*, n° 159, 2006.

panislamique à Jérusalem en 1931. Il s'agissait pour les participants de lutter contre l'ingérence des pays occidentaux dans les territoires de tradition musulmane et contre un Occident jugé ennemi de l'islam et destructeur de l'unité de l'*oumma*. Parmi les principaux thèmes discutés lors de ce Congrès figuraient la colonisation, « contraire à la dignité de l'islam », l'union des musulmans en faveur des Palestiniens face au sionisme, ou encore la critique des Soviétiques, accusés de traiter fort mal les 30 millions de musulmans vivant alors en URSS.

Indigné par la contradiction entre l'idéal de liberté et d'égalité porté par son pays et les injustices qui régnaient au Maghreb, l'auteur de cette publication espérait alerter la France sur les graves effets, à long terme, du désenchantement des populations indigènes, surtout après les 100 000 morts nord-africains sous le drapeau français pendant la Grande Guerre (1914-1918) et les promesses non tenues faites à l'heure de l'Exposition coloniale de Paris en 1931.

La même année, une association rassemblait « les oulémas musulmans d'Algérie » décidés à maintenir l'indépendance de l'exercice du culte, compromise par le contrôle des autorités administratives françaises[1].

1. Voir Raberh Achi, « "L'islam authentique appartient à Dieu, l'islam algérien à César." La mobilisation de l'association des

En effet, la loi de 1901 sur la séparation des Églises et de l'État aurait dû s'appliquer en Algérie, mais, par crainte de ce qui pouvait s'y tramer, l'administration finançait un « clergé » officiel pour surveiller les mosquées et la population. Dans ce contexte, l'administration coloniale contrevenait aux principes républicains. Ce n'est pas une raison suffisante pour confondre ou même comparer la France d'hier à celle d'aujourd'hui.

Autant pour moi-même que pour mon lecteur, j'évoquerai ici quelques-uns des points de repère, forcément succincts, susceptibles d'éclairer la nature des mouvements islamistes les plus prosélytes. Je retiendrai notamment la distinction générale faite par Olivier Roy, au sein du vaste courant islamiste, entre les mouvances *fondamentalistes* et *politiques*[1].

Les fondamentalismes exigent que tout musulman observe scrupuleusement la loi divine (*charia*), quelle que soit la société dans laquelle il vit. Ils placent l'observance de cette loi au-dessus des États, de leur régime, de leurs frontières et de leurs lois. Les islamismes politiques vont dans le même sens, mais privilégient la conquête du pouvoir dans telle ou telle

oulémas d'Algérie pour la séparation du culte musulman et de l'État (1931-1956) », *Genèses*, nº 69, 2007/4 ; mis en ligne sur Cairn.info.

1. Voir Olivier Roy, *L'Échec de l'islam politique*, Paris, Seuil, coll. « Esprit », 1992, et *L'Islam mondialisé*, Paris, Seuil, coll. « La Couleur des idées », 2002.

nation pour établir un régime politico-religieux national, auquel reviendra ensuite la tâche de réislamiser les sociétés musulmanes en les libérant des influences occidentales. Dans ce cas, « lorsque les islamistes participent au jeu politique, c'est sur une base nationale et à partir des enjeux locaux[1] ». Mais ces deux orientations peuvent se conjuguer.

La diversité des doctrines ne doit au reste pas masquer leurs points communs : leur universalisme, fondé sur la vérité unique de la révélation, le rejet des traditions islamiques historiques au profit d'un retour à l'âge d'or du temps du Prophète, le rêve d'une reconstitution de l'*oumma* dans sa totalité indivise contre les divisions tribales, ethniques ou nationales, enfin le principe selon lequel la *charia* (ou *sharia*) est la source unique du droit.

Néanmoins, la charia est loin d'être un code de lois gravé dans le marbre. En islam, la charia est la *voie* indiquée par Dieu. Cette voie peut être tracée à partir de la parole de Dieu dans le Coran et des paroles et des actes du Prophète rassemblés dans la Sunna, mais la charia engage un nécessaire effort d'interprétation (*ijtihad*) de la part de tout musulman. Elle n'est donc pas fixée une fois pour toutes, mais dépend des interprétations et de la jurisprudence accumulées par les différentes écoles

1. O. Roy, *L'Échec de l'islam politique*, *op. cit.*, p. 164.

coraniques. C'est pourquoi, comme l'écrit Ali Benmakhlouf : « Dans les constitutions des pays musulmans aujourd'hui, la mention de la charia diffère d'un pays à l'autre. [...] Mais dès lors que la constitution reconnaît s'inspirer de la charia, dont les contours restent flous, les groupes extrémistes se chargent de lui donner un contenu précis. [...] En fait de charia dans les constitutions, il s'agit moins de "dispositions substantielles" que d'un "référentiel éthique" ou "suprême"[1]. »

Je me suis appuyée également sur l'ouvrage imposant de Gilles Kepel, *Jihad. Expansion et déclin de l'islamisme*, dans lequel l'auteur retrace l'histoire de l'islamisme et de ses doctrines au XXe siècle pour montrer leur influence dans différentes régions du monde[2]. Je n'ignore pas les conflits d'interprétation qui opposent entre eux les spécialistes de l'islam et de ses multiples courants, mais, pour la plupart des faits, les sources des principaux auteurs se recoupent.

Selon Kepel, l'enjeu principal des luttes entre le chiisme iranien et le front sunnite de l'Arabie saoudite et de ses alliés est l'hégémonie politico-religieuse sur le monde musulman.

1. Ali Benmakhlouf, *Pourquoi lire les philosophes arabes*, Paris, Albin Michel, 2015.

2. Gilles Kepel, *Jihad. Expansion et déclin de l'islamisme*, Paris, Gallimard, 2000.

À cet égard, le chiisme jouit du prestige de la révolution iranienne de 1979 et de l'instauration de la République islamique. Le front sunnite, qui représente la très grande majorité des musulmans dans le monde, bénéficie quant à lui de la puissance économique et politique de l'Arabie saoudite qui contrôle les lieux saints, le pèlerinage à La Mecque, et dispose de la fabuleuse richesse issue de sa production pétrolière.

Du côté iranien, dans un pays chiite à 90 %, l'ayatollah Khomeini a mis en œuvre, en 1979, un processus islamiste révolutionnaire et singulier, mêlant une doctrine chiite revisitée à des théories révolutionnaires d'inspiration tiers-mondiste, comme celle de Frantz Fanon. Ce mélange devait entraîner une jeunesse iranienne luttant contre le régime oppressif du Chah et avide de réformes démocratiques et sociales, voire tentée par le communisme. Le parti communiste iranien (Toudeh) a d'abord activement participé au mouvement révolutionnaire, avec la bénédiction de Moscou, qui fournissait des armes à Téhéran. Il a été ensuite interdit en 1983 et son leader emprisonné pendant six ans. En montrant que la conquête du pouvoir par une insurrection islamiste était possible, la révolution iranienne a servi de modèle à d'autres mouvements de libération ou de révolte contre des régimes autoritaires et entraîné une islamisation des luttes politiques nationalistes : c'est le cas du Hamas, rival de l'OLP pour la libération de la Palestine, et du Hezbollah chiite au Liban, soutenu par l'Iran. Ces partis islamistes, profondément anti-israéliens et « anti-occidentaux », sont entrés dans un jihad de « résistance ». En France, le Hezbollah libanais est responsable de plusieurs attentats, en 1985 et 1986, dont le plus meurtrier fut celui de la rue de Rennes (pour obtenir la libération d'autres terroristes détenus en France). De plus, en tant que guide suprême de la République islamique, Khomeini a lancé en 1989 un décret religieux (*fatwa*) appelant au meurtre de l'écrivain britannique Salman Rushdie, auteur des *Versets sataniques*. Cette condamnation pour blasphème signifiait à tous les musulmans que le droit islamique pouvait désormais s'étendre au monde entier sans tenir compte du droit des États, du droit international et du champ d'application des décrets religieux traditionnellement limité au *Dar al-Islam* (la terre musulmane).

La condamnation à mort de l'écrivain, assortie d'une prime de 3 millions de dollars, s'étendait aux éditeurs et aux traducteurs des *Versets sataniques*, et l'on sait que le traducteur japonais du roman a été assassiné à l'arme blanche en 1991. En 1998, le président iranien Mohammad Khatami déclara à New York, au nom de son gouvernement, que l'affaire Rushdie était finie et que l'Iran n'appliquerait pas la fatwa. Pourtant, l'ayatollah Ali Khamenei a réaffirmé en 2005 que, en tant qu'apostat, Salman Rushdie pouvait être tué impunément.

Après plus de trente ans, le 13 août 2022 dans l'État de New York, le romancier a été sauvagement attaqué à l'arme blanche et très gravement blessé par Hadi Matar, vingt-quatre ans, né aux États-Unis de parents venus du Liban. L'homme était, semble-t-il, un grand admirateur de l'ayatollah Khomeini et des Gardiens de la Révolution iranienne. Le porte-parole du ministère des Affaires étrangères iranien a exclu toute implication de l'Iran dans ce crime, mais il a reporté sur Salman Rushdie lui-même la responsabilité de la violence en déclarant que, « en insultant les principes sacrés de l'islam », l'écrivain « s'est exposé à la colère et à la rage des gens ».

Du côté du front sunnite, le « réveil de l'islam » est également bien plus qu'un simple *retour*, à moins de donner à ce mot le sens astronomique de révolution, c'est-à-dire de retour au point de départ. Selon l'Égyptien Sayyid Qutb (parfois écrit « Qotb »), un des auteurs les plus influents de la « mouvance islamiste » et membre des Frères musulmans, l'islam authentique doit revenir à l'origine même de la foi musulmane, c'est-à-dire à la vie du prophète Mohammed. Dans son ouvrage *À l'ombre du Coran*[1], devenu un « classique »

1. Cet ouvrage a été publié une première fois en français en 1984 et réédité récemment.

de l'islamisme, le théologien condamné à mort par le régime de Nasser en 1966 appelle les musulmans à imiter fidèlement le Prophète en s'appuyant sur une lecture littérale du Coran et de la Sunna. Pratiquer un islam authentique, pour Qutb, c'est assumer un combat total – c'est-à-dire un jihad à la fois spirituel, missionnaire et militaire, dont l'objectif est la conversion de toute l'humanité et les adversaires héréditaires sont les juifs, les chrétiens, les polythéistes et les athées[1].

On peut rattacher à l'islamisme politique sunnite l'organisation transnationale des « Frères musulmans », fondée en Égypte en 1928 par Hassan al-Banna, en réaction à la laïcisation du régime. L'une des devises de la confrérie est : « Le Coran est notre constitution », et son but initial est de reconstruire sur une base religieuse des États musulmans libérés de toute influence occidentale. La frange la plus radicale des Frères musulmans s'inspire elle aussi de Sayyid Qutb. Au nom de la vérité universelle, la confrérie travaille à établir une guidance (*qiyâda*) du genre humain qui puisse assurer l'application de la Loi divine partout dans le monde.

Les Frères musulmans constituent une « galaxie » présente dans tous les milieux sunnites et dans des dizaines de pays. Durement réprimés par Nasser, dans

1. Voir Olivier Carré, *Le Coran des islamistes. Lecture critique de Sayyid Qutb (1906-1966)*, Paris, Cerf, 2021.

un premier temps, ils ont trouvé refuge en Arabie saoudite, puis à nouveau en Égypte, pour être finalement accueillis par le président turc Recep Erdogan dans le cadre d'une politique à la fois nationaliste et islamiste.

La Turquie laïque de Mustafa Kemal était pionnière quant à l'égalité entre hommes et femmes, avec l'abolition de la polygamie en 1926, la légalisation du mariage civil et du divorce, l'égalité des droits patrimoniaux entre époux, sans oublier le droit de vote pour les femmes en 1933, douze ans avant la France ! Presque un siècle plus tard, on peut craindre une régression de la condition des femmes dans ce pays. Allié aux partis islamistes et aux Frères musulmans, le président Erdogan déclarait lors d'un sommet sur la justice et les femmes : « Notre religion a défini une place pour les femmes [dans la société] : la maternité. » En juin 2022, la Turquie s'est retirée de la convention d'Istanbul, premier traité international à fixer des normes juridiquement contraignantes pour prévenir les violences envers les femmes.

Les « salafistes [1] » prônent un « retour aux pieux ancêtres » (*salaf al-salih*) et à la façon dont ceux-ci ont pratiqué l'islam au VIIe siècle en Arabie. Leur exigence de refondation se réclame d'un « retour aux sources », c'est-à-dire au Coran et à la Sunna, pour retrouver la

1. Les adeptes de cette doctrine disent « salafis », pour désigner les personnes, plutôt que « salafistes ».

parole même de Dieu et la faire revivre au présent en imitant les actes du Prophète. L'influence croissante du salafisme s'étend jusqu'en Europe.

L'Arabie saoudite revendique depuis 1936 un salafisme strict en principe *apolitique* (ou quiétiste) d'inspiration essentiellement wahhabite. Née au milieu du XVIIIe siècle d'un pacte entre le prédicateur Ibn Wahhab et le cheikh Muhammad ibn Saoud, cette doctrine fonde la longue alliance de la dynastie saoudienne avec les religieux wahhabites. La « loyauté » des religieux a tout de même été mise à rude épreuve par les accords pétroliers entre l'Arabie saoudite et les États-Unis et par la concession accordée à des compagnies pétrolières américaines[1]. Sans parler du recours de l'Arabie saoudite à l'armée américaine en août 1990 pour se protéger des troupes de Saddam Hussein et les forcer à abandonner le Koweït.

Au niveau international, les Saoudiens ont acquis un pouvoir politico-religieux considérable grâce à la richesse fabuleuse issue de l'extraction pétrolière. Ils exercent ainsi un contrôle sur la Ligue islamique mondiale, sur l'Organisation de la conférence islamique et sur la Banque islamique de développement (qu'ils

1. Sur le wahhabisme et les contradictions du régime saoudien, voir David Commins, « Le salafisme en Arabie saoudite », in Bernard Rougier (dir.), *Qu'est-ce que le salafisme ?*, Paris, PUF, 2008.

ont créée). Ils bénéficient aussi du soutien politique et militaire des États-Unis dans le cadre de l'échange « pétrole contre dollars ». Pour assurer son hégémonie idéologique, l'Arabie saoudite subventionne largement et dans de nombreux pays la construction de mosquées et d'universités, de multiples associations, des bourses d'études en théologie islamique, des publications diffusées gratuitement et des actions caritatives et culturelles. Elle est ainsi devenue « un acteur majeur dans la mise en place des infrastructures cultuelles musulmanes en Europe[1] ». En France, la monarchie saoudienne a notamment participé au financement de la construction des mosquées de Mantes-la-Jolie, d'Évry et de Lyon. Entre 2011 et 2016, selon l'ambassadeur du royaume d'Arabie saoudite en France, Khalid bin Mohammed al-Ankary, l'État saoudien a aidé financièrement et de façon substantielle la construction dans l'Hexagone de huit mosquées[2].

1. Voir le rapport de l'Institut Montaigne, *Un islam français est possible*, septembre 2016, consultable en ligne.

2. Sénat, *Rapport d'information nº 757 sur l'organisation, la place et le financement de l'islam en France et de ses lieux de culte*, juillet 2016.

Le jihad et ses organisations transnationales

Le mot *jihad*, comme nous l'apprennent les islamologues, a plusieurs sens. Il peut signifier un effort individuel, moral et spirituel, d'inspiration religieuse, exercé sur soi-même pour mieux se conduire, maîtriser ses passions, pour comprendre, pour parler et argumenter. Mais ce mot signifie aussi l'engagement dans un combat dit « jihad de l'épée », ou du sabre, en référence aux versets 5 et 29 de la 9e sourate du Coran. Selon les interprétations islamistes modernes, comme celle de Sayyid Qutb, ces versets appellent le Prophète à « combattre » trois sortes d'*impies*, chaque fois de façon différente. Avec ceux qui ne le combattent pas, le Prophète peut conclure une trêve, quitte à leur faire la guerre s'ils ne respectent pas leur parole ; les « gens du Livre » (juifs et chrétiens) doivent être combattus jusqu'à ce qu'ils se convertissent ou se soumettent en payant « l'impôt de capitation », auquel cas ils seront « protégés » ; quant à ceux qui restent impies ou associent à Dieu d'autres divinités, comme les païens, le Prophète doit mener contre eux un jihad sans merci.

Historiquement, l'engagement dans un jihad *armé* a traduit la volonté de défendre les territoires de l'islam, d'en conquérir de nouveaux ou d'instaurer un « État islamique ». Le jihad mené jadis au Maghreb contre l'envahisseur français en Afrique du Nord par l'émir Abdelkader, un érudit, adepte du soufisme, fut surtout une guerre défensive. Mais le jihad peut désigner aussi une guerre offensive destinée à propager la religion du Prophète. Ceux qui combattent au nom d'Allah obéissent à une logique politico-religieuse impliquant des conflits territoriaux – comme toutes les guerres saintes, dans le monde d'hier comme dans celui d'aujourd'hui. Sans les notions de Terre promise, de Lieux saints, de Terre sainte, de Terre d'islam et d'Empire chrétien, on pourrait difficilement comprendre l'histoire des anciennes croisades, qui n'a peut-être jamais cessé de hanter l'imaginaire collectif, des deux côtés.

Au moment où, en Afghanistan, les *ulémas* appelaient à un jihad défensif contre l'envahisseur soviétique en 1979 et où affluaient de nombreux *moudjahidines* – ces *guerriers saints* venus d'Arabie saoudite (comme Ben Laden), d'Égypte, du Yémen, du Pakistan ou d'Algérie –, il était difficile d'imaginer que cet appel marquerait le lancement d'une guerre sainte qui s'étendrait bientôt jusqu'à l'Europe et aux États-Unis. Selon Henry Laurens[1], ce jihad sunnite était la réponse radicale à l'événement de la révolution iranienne chiite la même année. À l'époque, la puissance américaine alliée

1. Professeur au Collège de France, Henry Laurens occupe depuis 2003 la chaire d'« Histoire contemporaine du monde arabe ».

des Saoudiens prêtait main-forte aux jihadistes contre l'adversaire soviétique, sans soupçonner que de ce creuset sortirait Al-Qaïda (La Base), fondée par Ben Laden, futur responsable de l'attaque du « 11 Septembre ».

Le jihad armé est aujourd'hui la fraction combattante des courants islamistes dont il épouse les conflits politico-religieux, à commencer par l'opposition entre sunnites et chiites. D'autre part, la guerre de huit ans entre l'Irak et l'Iran, déclarée en 1980 par Saddam Hussein, officiellement pour régler des conflits de frontières, était surtout destinée à empêcher toute extension de la révolution islamique iranienne et à contrecarrer l'influence du chiisme dans le monde, d'autant que les chiites représentaient une bonne moitié de la population irakienne.

En Afghanistan, après dix ans de combats et le retrait des Soviétiques en 1989, le pays était dévasté. Il ne l'était pas moins après les années de guerre civile au terme desquelles, en 1996, les talibans proclamaient l'Émirat islamique d'Afghanistan. Après le 11 septembre 2001, devant le refus des Afghans de leur livrer Ben Laden, et appuyés par une coalition internationale « contre le terrorisme », les Américains interviennent et tentent de restructurer le pays et de former l'armée nationale afghane (ANA) avec l'aide temporaire des Français, tandis que les Allemands sont chargés d'organiser la police… On dit que le président Bush se serait vanté de pouvoir « façonner la réalité », mais le temps du *nation building* était décidément passé. À l'heure du nouveau retour des talibans au pouvoir, en 2021, 2 443 soldats américains, 1 144 militaires de la coalition internationale et 66 000 hommes de l'armée afghane avaient trouvé la mort. Tandis que les forces américaines se retiraient de façon précipitée, elles laissaient le pays plus désorganisé que jamais et la société afghane dans la peur et la misère.

Ben Laden et la nébuleuse Al-Qaïda[1]

Selon ses propres dires, c'est la paix israélo-égyptienne signée à Camp David en 1978 qui aurait d'abord changé la vision du monde de Ben Laden. Avant même le retrait de l'armée soviétique de l'Afghanistan, Ben Laden organisait et finançait son réseau jihadiste sunnite Al-Qaïda, auquel les renseignements occidentaux ont attribué ensuite plusieurs attentats contre les forces américaines. Avec la guerre du Golfe de 1991 et l'installation de bases américaines en Arabie saoudite pour bombarder l'Irak (après que Saddam Hussein

1. Voir Pierre Pahlavi et Jérôme Lacroix Leclair, « L'institutionnalisation d'AQMI dans la nébuleuse Al-Qaida », *Les Champs de Mars*, vol. 24, nº 2, 2012, p. 9-28.

avait annexé le Koweït), les États-Unis sont devenus les principaux ennemis d'Al-Qaïda, à côté de l'État d'Israël, des États arabes pro-américains (jugés traîtres à la loi islamique), des États occidentaux qui interviennent militairement sur les « terres d'islam » et, de façon générale, de tous les « mécréants », « impies » et « apostats » (juifs, chrétiens, athées, non-musulmans ou « mauvais musulmans »).

Face au jihad, on hésite parfois à parler de guerre, dans la mesure où il est admis qu'une guerre est un conflit armé entre des États. Cette définition inclut l'existence d'une confrontation entre plusieurs États, chacun avec ses frontières, ses institutions politiques et son armée. Mais le réel est loin d'entrer toujours dans des cadres aussi étroits, et divers types de conflits armés échappent au concept classique de guerre, comme les conflits ethniques, les guerres révolutionnaires ou contre-révolutionnaires, les guerres de résistance ou de libération, les guerres civiles, les guérillas urbaines, et certains conflits armés dans lesquels les combattants n'obéissent pas nécessairement à un pouvoir d'État et utilisent des méthodes terroristes, en attaquant des civils ou en les prenant en otage – comme les organisations jihadistes.

La destruction du World Trade Center le 11 septembre 2001 ne ressemble pas à une déclaration de guerre d'un État contre les États-Unis et leur armée

– même si elle avait été précédée par des menaces et par les attentats de 1998 contre les ambassades américaines au Kenya et en Tanzanie (qui ont fait plus de 200 morts). Lancée sur le territoire américain par des kamikazes, l'attaque aérienne fulgurante contre les Twin Towers a causé près de 3 000 morts. Selon Louis Gautier, après cette attaque qui a entraîné des réactions militaires et modifié la situation internationale, « jamais la définition classique de la guerre qui concède aux seuls États la possibilité de s'affronter par la guerre n'était apparue aussi inappropriée[1] ».

Le 20 septembre 2001, le président Bush déclarait une « guerre contre la terreur » et « contre toutes les nations, organisations, forces associées ou personnes liées au 11 Septembre ». Le 4 novembre, Ben Laden annonçait de son côté qu'il mènerait une « guerre religieuse » contre « les juifs et les chrétiens », guerre qu'il rapprochait de celle des anciens croisés. L'idéologie d'Al-Qaïda, censée réunir l'ensemble de « la nation du Prophète » (*oumma*) et tous les musulmans victimes de la domination occidentale et de l'impérialisme américain, devait conduire à l'unification religieuse des musulmans salafistes grâce à un jihad globalisé, à des méthodes terroristes (prise d'otages et attentats

1. Louis Gautier, *Face à la guerre*, Paris, La Table ronde, 2006, p. 117.

suicides) et à l'exaltation du sacrifice et du martyre. Ben Laden déclarait déjà en 1996 : « Ce que les Occidentaux ne comprennent pas, c'est que nous aimons autant la mort qu'eux sont attachés à la vie. Mon plus grand regret est de ne pas être encore mort en martyr, parce que cette vie est corrompue[1]. » On retrouve en effet cet amour de la mort chez un bon nombre d'engagés dans le jihad, dont Fethi Benslama a fait l'analyse[2].

Du côté américain, la guerre a pris la forme d'une traque du leader d'Al-Qaïda – finalement débusqué et tué dix ans plus tard au Pakistan – et d'un long engagement militaire contre les talibans en Afghanistan (de 2001 à 2021), dont on a précédemment évoqué l'échec. En 2003, l'armée américaine occupait l'Irak, avec son alliée britannique, sous le prétexte mensonger d'une détention d'armes de destruction massive par le régime de Saddam Hussein. Marquée par les exactions répugnantes de certains militaires dans la prison d'Abou Ghraib, cette occupation a causé la mort de plus de 100 000 Irakiens (les chiffres peuvent varier), de près de 4 500 soldats américains et de 179 soldats britanniques. Elle a en outre décuplé l'hostilité à l'égard des Américains dans le monde musulman et créé dans

1. Voir Pauline Garaude, *Al-Qaida*, Paris, Larousse, 2010.

2. Fethi Benslama, *Un furieux désir de sacrifice. Le surmusulman*, Paris, Seuil, 2016.

le chaos irakien les conditions d'un regain des organisations islamistes et jihadistes.

L'élimination de Ben Laden par l'armée américaine en 2011 n'a pas empêché ses réseaux de poursuivre leurs combats dispersés dans différentes régions et de piloter l'exécution à Paris de l'équipe de *Charlie Hebdo*, en janvier 2015, après l'affaire mondialisée des « caricatures de Mahomet ».

L'organisation Al-Qaïda est devenue une « nébuleuse » attractive et active en Afrique, en Indonésie et au Moyen-Orient pour de nombreux groupes jihadistes. La filiale Al-Qaïda au Maghreb islamique (AQMI), issue du GIA algérien (Groupe islamique armé) et du GSPC (Groupe salafiste pour la prédication et pour le combat), adopte la ligne d'un « combat global contre l'Occident », comme l'explique au *New York Times*, en 2008, un des anciens du GSPC, Abdelmalek Droukdel : « Pourquoi ne devrions-nous pas nous joindre à nos frères, alors que toutes ces nations sont unies contre les musulmans et les séparent ? » Au cours de l'entretien, l'homme évoque « les crimes perpétrés à Gaza, en Irak, en Afghanistan, en Somalie, et en bien d'autres endroits. Ce sont des crimes commis par les alliés judéo-chrétiens[1] ». Ces déclarations

1. Voir P. Pahlavi et J. Lacroix Leclair, « L'institutionnalisation d'AQMI dans la nébuleuse Al-Qaida », art. cit.

peuvent nourrir la thèse de Samuel Huntington sur la nature religieuse et civilisationnelle des conflits mondiaux. Pourtant, les lignes de front sont multiples. D'une part, en tout premier lieu, les ennemis désignés d'Al-Qaïda sont les populations musulmanes elles-mêmes, qu'il s'agit de soustraire à leur hérésie (chiite). En 2005, le 14 septembre, le chef d'Al-Qaïda en Irak, Abou Moussab al-Zarqaoui, déclarait une « guerre totale » aux chiites. Au-delà des États-Unis, d'Israël et de leurs alliés, les ennemis de l'organisation jihadiste et terroriste sont les combattants de l'organisation rivale, « État islamique », replié au Sahel en 2019 après la chute du « califat » en Irak et en Syrie. La branche d'Al-Qaïda au Maghreb (AQMI) se bat contre l'État islamique au Grand Sahel (EIGS) et mène une guerre de conquête dans la région des trois frontières (Mali, Burkina Faso et Niger). Elle attaque les armées de ces pays, rançonne et terrorise les populations. Son but est d'anéantir l'influence occidentale, de « réislamiser » les populations et d'enrôler des combattants dans un jihad sunnite mondialisé.

L'État islamique (Daech)

L'Organisation État islamique (OEI) issue d'une division de la branche irakienne d'Al-Qaïda s'est développée en Irak dès 2006, puis en Syrie depuis 2011. Cette organisation djihadiste combat pour instaurer l'unité de l'*oumma* dans son ensemble et pour restaurer un État territorial sur le modèle du califat abbasside (basé en Irak de 750 à 1258). Nommé « État islamique en Irak et au Levant » (*Daech* selon son sigle en arabe), ce nouveau « califat » est créé en 2014 sur de larges territoires en Syrie et en Irak par le « calife Ibrahim » (Abou Bakr al-Baghdadi). Il est doté d'une administration et d'une armée d'au moins 50 000 hommes, en 2018. Il était censé devenir le centre à partir duquel se développerait un « jihad global ». L'organisation n'a pas disparu après la chute de ce nouveau « califat » en 2019 et elle tente de se reconstruire dans la région et de s'implanter aussi au Sahel et autour du lac Tchad.

Au-delà des attentats perpétrés dans des pays européens (France, Belgique, Autriche, Allemagne, Espagne, Royaume-Uni...), le jihad a tué des centaines de milliers de civils musulmans : en Irak, au Nigeria, en Afghanistan, en Syrie, au Yémen, en Somalie, au Pakistan, mais aussi aux Philippines, au Kenya, en Inde, au Niger, au Cameroun, en Égypte et en Libye. Il continue de recruter partout des combattants, y compris en France, grâce à une stratégie de communication associant une propagande globale sur le Web et une approche individuelle sur les réseaux sociaux[1]. L'État islamique a revendiqué l'attentat de Nice en 2016, mais il est surtout impliqué dans l'organisation des attentats du 13 novembre 2015 à Paris.

Pour la France, il existe plusieurs façons de contenir ou de réduire l'extension de l'islamisme et du recrutement de combattants terroristes sur son propre sol et de se défendre contre les agressions du terrorisme islamiste. À l'intérieur : par une vigilance redoublée à l'égard de toute association ou organisation qui ferait de la France son ennemie ; par la mobilisation des services affectés à la surveillance des jihadistes potentiels ou dormants ; par une politique économique, sociale et scolaire capable d'intégrer dans la nation ceux qui vivent et travaillent légalement dans le pays, quelles que soient leurs origines ou leur confession ; par les témoignages du respect de la République pour l'islam et les musulmans traditionnels et pacifiques. À l'extérieur, la France a longtemps adopté une stratégie politique et militaire visant à affaiblir les organisations jihadistes et

1. Voir le rapport de l'Observatoire des radicalisations, publié par la Maison des sciences de l'homme, <https://jihadiste.fmsh.fr/sites/default/files/files/Rapport%20Propagande%20Bdef.pdf>.

à aider certains États à contenir leurs attaques, dans le cadre d'accords avec des pays étrangers, comme « force de présence ». Elle a participé à plusieurs coalitions internationales (ONU, OTAN, Union européenne) depuis 2013.

La France a répondu à l'appel du Mali en 2013 et lui a apporté une aide militaire efficace pour protéger Bamako des groupes jihadistes qui tenaient le nord du pays. Au Sahel, l'action menée dans le cadre du « G5 Sahel », créé en 2014, a été très difficile. La France avait perdu 51 soldats depuis son engagement sans réussir à stabiliser la région. En février 2022, le président Macron annonçait un retrait total des troupes françaises. L'état-major des armées a annoncé le lundi 15 août que le dernier détachement de la force « Barkhane » présent sur le sol malien avait franchi la frontière entre le Mali et le Niger.

Les leçons de l'Afghanistan et du Mali ne devraient pas inciter les Européens et la France en particulier à participer à l'avenir à des « missions de maintien de la paix » ou de reconstruction de nations. En octobre 2020, le secrétaire général de l'ONU, António Guterres, déclarait : « La menace terroriste en Afrique est quelque chose de très sérieux, que la communauté internationale n'a pas encore mesuré. [...] Ce qui se passe dans cette région n'est pas seulement une menace pour ses populations. C'est une menace pour nous tous. » Mais l'espoir de réduire les violences terroristes dans la région ne pourra sans doute venir que de la mobilisation des pays qui entourent le Sahel, comme le Sénégal[1].

Si j'ai voulu revenir ici, à très grands traits, sur certains faits depuis plus de vingt ans, c'est pour rendre présente concrètement cette guerre politico-religieuse qui se déroule à la fois dans le monde et dans notre pays et qui, quoi qu'on en dise, n'a rien à voir, ni par son idéologie ni par son extension, avec les actions terroristes des anarchistes du XIXe siècle ou d'une certaine extrême gauche en Europe dans les années 1970. Le jihad est un phénomène singulier à une époque où la religiosité semblait, au moins aux yeux des Européens, se replier sur la vie personnelle ou dans la sphère spirituelle.

Bien entendu, on ne perdra jamais de vue la distinction qui s'impose entre l'islam traditionnel, lié à l'histoire des régions et des nations où il s'est développé, les islamismes dans le monde et en France, et enfin le basculement dans le jihad.

1. Le président du Sénégal, Macky Sall, déclarait le 23 février 2021 sur RFI que son pays, qui fait déjà partie de la Minusma, devait renforcer les capacités de son armée : « Il faut nous préparer à entrer dans la bataille. »

Terrorisme et guerre sainte en France

Les jihadistes français

Dans un premier temps, des attentats meurtriers ont été commis sur le sol français par le GIA (Groupe islamique armé) algérien, à la station de métro Saint-Michel à Paris en 1995, et à la station Port-Royal en 1996. Au cours des années 2000, des mouvances islamistes-jihadistes, généralement salafistes, se sont implantées en Europe, faisant de nouveaux adeptes au sein d'une fraction de la jeunesse musulmane – mais pas seulement. Certains d'entre eux, partis pour la Syrie, sont revenus mener des actions contre la France, leur pays d'origine.

Les auteurs des attentats sanglants contre les populations civiles ont agi dans le cadre idéologique et stratégique fixé par des réseaux jihadistes avec lesquels ils avaient noué des liens directs ou indirects. Ces réseaux sont liés eux-mêmes à des organisations armées disposant de troupes dispersées au Maghreb, en Afrique subsaharienne, au Moyen-Orient et en Asie du Sud-Est.

En 2012, ne l'oublions pas, lorsque Mohamed Merah tue trois militaires et exécute un professeur et trois écoliers juifs, dont une petite fille tuée à bout portant, on a pensé d'abord qu'il faisait partie de ces « loups solitaires », redoutables, mais isolés. En réalité, avant son effroyable passage à l'acte, au cours duquel il se réclame d'Al-Qaïda, Merah fréquentait des salafistes jihadistes. Il avait été formé au maniement des armes au Waziristan, par un Tunisien qui, après la mort de Merah, revendiquera, au nom de l'État islamique, « cette violente gifle à la haineuse France croisée[1] ».

C'est également à cette organisation que les assassins du Père Hamel, égorgé dans son église en 2016, avaient déclaré leur allégeance. L'un d'eux, Adel Kermiche, un « fiché S » encore porteur d'un bracelet électronique à l'heure de son acte, avait rencontré un de ses mentors dans la prison de Fleury-Mérogis. Depuis des années maintenant, les prisons sont le principal milieu de formation à la « radicalisation » et de recrutement pour le jihad.

On sait aussi que Chérif Kouachi avait séjourné au Yémen en 2011 avant de recevoir de l'organisation

1. Cf. Christophe Ayad et Soren Seelow, « L'héritage sanglant de Ben Laden », *Le Monde*, 4 septembre 2021.

jihadiste « Al-Qaïda dans la péninsule Arabique » (AQPA) la mission de frapper la rédaction de *Charlie Hebdo*, mission qu'il accomplit avec son frère en janvier 2015. Les deux tueurs ont ensuite été neutralisés par les forces de l'ordre. Les enquêtes menées dans les quartiers et dans les prisons par Hugo Micheron sur le jihadisme français[1] montrent notamment comment la plupart des auteurs des attentats les plus terribles commis en France ont été recrutés grâce aux liens serrés existant entre les réseaux actifs situés à Toulouse, à Molenbeek en Belgique, et à Paris (la bande des Buttes-Chaumont, dont faisaient partie les frères Kouachi).

Amedy Coulibaly, qui avait rencontré Kouachi en prison, mena parallèlement son action en assassinant une policière à Montrouge et quatre personnes dans un supermarché casher à Paris en se réclamant, quant à lui, de l'État islamique. Des chercheurs se sont aperçus par la suite que Kouachi et Coulibaly lisaient les écrits d'Al-Maqdissi[2], un des principaux idéologues du salafisme jihadiste à la fin des années 1980[3], et qu'ils

1. H. Micheron, *Le Jihadisme français*, *op. cit.*

2. D'origine jordano-palestinienne, Al-Maqdissi fut le mentor d'Al-Zarqaoui, le chef de file de la branche irakienne d'Al-Qaïda (mort en Irak en 2006).

3. Voir « Dans la bibliothèque des jihadistes », 4e épisode de la série « Nouveaux regards sur le djihadisme », sur France Culture, 2 juin 2016.

se connectaient au forum de discussion Ansar al-Haqq (« Les Partisans de la vérité ») qui appelait au jihad.

En ouvrant à tous un accès illimité à l'information dans tous les domaines et sous toutes les formes, la révolution informatique a transformé radicalement les moyens de la propagande, quelle qu'elle soit. La possibilité de diffuser mondialement n'importe quel discours, n'importe quelle image ou vidéo, a permis aux organisations islamistes de construire des réseaux virtuels et de piloter des actions à distance, de sorte que la distinction entre des jihadistes « français » et des jihadistes « étrangers » a de moins en moins de sens. Malgré tout, pour agir sur le terrain, il faut que Daech, ou d'autres, dispose de la participation de combattants locaux. On voit comment les attentats du 13 novembre 2015 à Paris sont le résultat d'une conspiration terroriste triangulaire qui transite par la Syrie, la Belgique et la France.

Ceux qui commettent des attentats en France sont souvent passés par la marginalité sociale, la délinquance, la prison et les trafics d'armes. Jean-François Gayraud va plus loin et met en évidence une grande porosité entre banditisme et islamisme [1]. Il observe notamment que, en s'appuyant sur des réinterprétations du

1. Jean-François Gayraud, « Le profil hybride des auteurs d'attentats », *Le Genre humain*, n° 61 : « États de la radicalisation », sous la dir. de Fethi Benslama, 2019.

Coran ou des hadiths, la propagande de Daech légitime « les pires pratiques prédatrices (violence armée, viol, polygamie, racket, pillage) ».

Le basculement individuel dans le jihad peut être éclairé également par une approche psychanalytique centrée sur les parcours individuels, comme celle de Fethi Benslama[1]. À partir d'études de cas singuliers, le psychanalyste dégage quelques-unes des conditions psychiques de ce basculement soudain en repérant par exemple la présence d'une humiliation précoce dont le sujet ne connaît pas l'origine, mais qui nourrit des sentiments de colère et de rage. Le jihad offrirait une issue à ces sentiments en transformant l'aspiration du sujet à la vengeance en « combat légitime et sacré, après une conversion plus ou moins rapide à l'islam ». À des jeunes désocialisés, délinquants et tentés par une escalade dans la violence, le jihad proposerait en quelque sorte une brève carrière d'assassin et de martyr. Dans l'offre jihadiste de la guerre sainte – comme dans d'autres « idéologies combattantes » –, le sujet trouverait les motifs d'une action guerrière héroïque qui donne sens à son être et satisfait le « regain de virilisme » présent dans les doctrines islamistes[2]. L'implication d'un *virilisme*

1. Fethi Benslama, *Le Saut épique, ou le Basculement dans le jihâd*, Arles, Actes Sud, 2021.

2. Voir sur ce thème Nadia Tazi, *Le Genre intraitable. Politiques de la virilité dans le monde musulman*, Arles, Actes Sud, 2018.

dans ce combat s'accorde avec le sexisme ombrageux des doctrines islamistes.

Ces analyses sont inquiétantes, car si le désir de violence est indépendant des croyances religieuses et plus puissant qu'elles, alors la critique rationnelle des doctrines islamistes aura peu de prise sur les centaines de détenus classés TIS (terroristes islamistes) auxquels s'ajoutent les détenus « de droit commun » considérés comme « susceptibles de radicalisation[1] ».

Un autre facteur me semble absolument décisif dans tout engagement dans des actions transgressives et criminelles, c'est le rapport au groupe, à son regard et son approbation. Chez les individus déséquilibrés, la propagande peut suffire à lever l'inhibition et permettre un passage à l'acte solitaire. Pour d'autres, la reconnaissance par le groupe est sans doute fondamentale. Or le petit groupe se sent lui-même porté par un mouvement plus vaste qui légitime la violence extrême au nom d'idées fédératrices. C'est pourquoi on ne peut expliquer des mouvements collectifs qui embrasent simultanément plusieurs régions du monde sans prendre en considération les idées qui les animent.

1. Selon *Le Monde* du 13 novembre 2020, on comptait à cette date 503 détenus classés TIS et 509 pour la seconde catégorie.

Justice et terreur : un procès

Au moment où s'ouvrait à Paris, le 8 septembre 2021, le procès des auteurs et des complices des attentats terriblement meurtriers du 13 novembre 2015[1], nous savions que ceux-ci avaient été perpétrés par une cellule franco-belge, pilotée depuis la zone irako-syrienne par l'organisation État islamique.

Chacun comprend la nécessité de ce procès afin que des crimes de masse ne restent pas impunis et que la justice reconnaisse, au nom du peuple français tout entier, les souffrances et l'injustice irrémédiable infligées aux victimes et à leurs proches. Ce procès constitue la réponse judiciaire d'un État de droit à des massacres de civils : son rôle est de juger ces actes en tant que crimes, tels que les conventions internationales et les lois nationales les conçoivent et conformément aux sanctions prévues par le Code pénal. Mais il ne faut pas attendre de la justice une investigation sur le phénomène du jihad, réactivation moderne de la guerre sainte. Telle n'est pas la mission de l'institution judiciaire.

Le survivant des commandos meurtriers et ses complices sont jugés pour « association de malfaiteurs

1. Attentats au Stade de France à Saint-Denis, au Bataclan à Paris et aux terrasses de cafés et de restaurants des Xe et XIe arrondissements.

terroriste et criminelle » et pour « meurtres en bande organisée en relation avec une entreprise terroriste ». Bien qu'il n'existe pas de définition universelle du terrorisme, l'acte qui consiste à attaquer des populations civiles pour peser sur l'opinion publique et influencer la politique des États est considéré par le droit international comme un crime, en temps de paix comme en temps de guerre.

En temps de guerre, ce type d'acte est un *crime de guerre*, interdit par les conventions de Genève de 1949 et leurs protocoles additionnels de 1977 : « Ni la population civile en tant que telle ni les personnes civiles ne doivent être l'objet d'attaques. Sont interdits les actes ou menaces de violence *dont le but principal est de répandre la terreur* parmi la population civile[1]. » La notion de « but principal » permet de ne pas ranger parmi les crimes de guerre certains « dommages collatéraux » entraînés par des actes de guerre traditionnels ne visant pas les civils.

En temps de paix, les actes de violence armée commis contre des civils *ressemblent* à des crimes de guerre, mais ils n'en sont pas, puisqu'ils sont le fait de groupes de combat illégaux : dans ce cas, on parlera d'attentats terroristes. En qualifiant les attaques des civils du 13 novembre de « meurtres en bande organisée en relation avec une entreprise terroriste », la justice considère

1. Cf. article 51,2 du protocole I du 8 juin 1977.

que ces actes ont été accomplis en temps de paix, et non pas en temps de guerre. Le mot « terrorisme » a d'abord désigné la doctrine des partisans de la Terreur pendant la Révolution française.

Le Code pénal[1] ne donne pas une définition générale du terrorisme, mais il définit les infractions « à caractère terroriste ». Ce sont – en résumé – des actes criminels d'une violence particulièrement intense, ayant pour but de « troubler gravement l'ordre public », de frapper l'opinion de terreur et de déstabiliser une société pour promouvoir une certaine cause (ethnique, politique ou religieuse par exemple). Un acte meurtrier accompli sur des personnes prises au hasard et sans aucun mobile idéologique constituerait un crime, sans être juridiquement un acte terroriste.

Cela étant, au regard de la justice, la valeur de la cause défendue par les auteurs d'actes terroristes n'importe pas : qu'on estime la cause juste ou injuste ne change rien à la nature criminelle des actes. À l'exception notable des cas où la violence apparaît comme le seul moyen possible de résister à un régime d'oppression, contre une domination tyrannique, despotique, ou une occupation coloniale, elles-mêmes violentes.

Dans le procès des responsables des massacres du 13 novembre, la mise entre parenthèses du jihad,

1. « Du terrorisme » : Article 421-1 (version du 3 juillet 2016).

c'est-à-dire d'une guerre, dans le chef d'accusation, explique le « dialogue de sourds », si l'on peut dire, qui s'est installé d'emblée entre la cour d'assises spéciale de Paris et le principal accusé, Salah Abdeslam, seul membre du commando meurtrier ayant survécu.

Les comptes rendus de la première séance nous montrent, d'un côté, la cour, qui doit appliquer la procédure pénale, comme dans tout procès criminel, et respecter « les droits de chacun, à commencer par ceux de la défense », comme l'a rappelé d'emblée son président, Jean-Louis Périès, et de l'autre, dans le box, le principal accusé, qui ne reconnaît ni l'institution judiciaire, ni les droits dont il est question, ni le caractère criminel de ses actes, et n'entend rien défendre – sinon sa propre *cause* : le jihad.

À la question du président qui lui demande sa profession, l'accusé répond par sa profession de foi : « J'ai délaissé toute profession pour devenir un combattant de l'État islamique. » Après s'être indigné d'avoir été depuis six ans « traité comme un chien », il ajoute néanmoins qu'il ne se plaint pas puisque, ce sont ses mots, « je sais qu'après la mort, on sera ressuscités [1] ». Le président, sans s'émouvoir, met fin à ce discours

1. Voir le compte rendu du premier jour du procès par Pascale Robert-Diard : « À la barre, les provocations de Salah Abdeslam », *Le Monde*, 10 septembre 2021.

déplacé : « Ici, on n'est pas dans un tribunal ecclésiastique, on est dans un tribunal démocratique. »

À partir de ce moment, on sait qu'il n'y aura aucune communication possible entre le militant du jihad et l'État de droit qu'il attaque. Il n'y a pas de monde commun entre les deux. L'un ne reconnaît ni les principes ni les lois d'une République démocratique et laïque, l'autre ne reconnaît pas la légitimité de cette guerre sainte, de sa loi et de sa violence terrifiante.

Pour les combattants du jihad, aujourd'hui comme hier, c'est la parole divine qui définit la guerre juste, à commencer par la lutte armée menée par le Prophète pour propager le message d'Allah. Il s'agit pour eux de combattre à nouveau, par tous les moyens, les « ennemis de l'islam », les « impies », les « mauvais musulmans », « les juifs et les croisés ». Cette logique, avouons-le, ne nous est pas inconnue.

Dans ses réflexions sur la guerre, un des philosophes et théologiens chrétiens les plus estimés, saint Augustin (mort en 430), considérait la guerre comme un mal nécessaire pour établir la paix – une conception répandue toujours et partout. Il justifiait aussi les pires violences lorsque la guerre était *juste*, c'est-à-dire « commandée par Dieu », comme les guerres menées par les Hébreux. Car Dieu, selon la Bible, commande parfois à son peuple de véritables massacres : « Lorsqu'il s'agira des cités de ceux des peuples que Yhwh te donne en héritage, tu n'y laisseras pas âme qui vive[1]. » Même si, selon les Évangiles, Jésus ne commande jamais de telles actions, l'évêque d'Hippone estime que les guerres sont justes lorsqu'elles sont menées pour défendre « la religion vraie » contre les païens et les hérétiques. À l'époque, Rome vient d'être saccagée par les Goths en 410. La violence religieuse rappelle aussi irrésistiblement celle des croisades, dont le souvenir et le modèle sont souvent évoqués par les jihadistes, comme si nous étions dans le même monde que celui dans lequel chrétiens et musulmans s'affrontèrent en 1095 dès la première croisade.

Un autre moment du procès des auteurs des attentats du 13 novembre est lui aussi révélateur de l'absence de toute commune mesure entre, d'une part, l'institution judiciaire et le droit qu'elle applique, et, d'autre part, le discours religieux des accusés. Le 11 janvier, la cour interrogeait Mohamed Abrini, voisin et ami de la famille Abdeslam. Il s'est converti et engagé dans l'action après la mort de son jeune frère en Syrie. Le 12 novembre 2015, il a convoyé Salah Abdeslam et les autres membres des commandos jusqu'à Paris, avant de rentrer à Bruxelles la nuit même. Lorsque le président l'interroge sur la charia, il répond que « la loi divine est au-dessus de la loi des hommes ». À propos du jihad, il

1. Deutéronome 20, 16-17, éd. Bayard.

déclare : « C'est un devoir pour tout musulman d'aller faire le djihad », et dit avoir compris que le jihad armé avait été « une guerre de conquête ».

Au café *Les Béguines*, à Molenbeek, Abrini visionnait en boucle avec ses copains les vidéos diffusées quotidiennement depuis la Syrie par Daech – « comme les jeunes aujourd'hui qui regardent Netflix ». Sur l'une d'entre elles, Abaaoud (l'un des principaux organisateurs des attentats à Paris) traîne des cadavres derrière un pick-up et le petit frère Abrini rit. Mais Mohamed prétend qu'il n'a jamais vu cette scène. À propos des vidéos de décapitation, il contre-attaque : « Les décapitations, ça se faisait aussi en France, monsieur le président. Vous avez coupé la tête de votre propre roi… – Ce n'était pas tout à fait la même période », corrige le président. Le correctif est utile, même s'il ne suffit pas à faire disparaître l'ombre de la guillotine et de la Grande Terreur qui a entaché l'histoire de la Révolution française. Cette ombre pourrait suggérer une parenté secrète entre les crimes de ceux qui confondent la justice des hommes avec la sentence d'un dieu, comme le héros du roman terrible d'Anatole France *Les dieux ont soif*.

Le poète Hölderlin, qui écrivait la première esquisse de son roman *Hypérion* en 1794, au lendemain de la Terreur, faisait dire à son héros : « L'État dont l'homme a voulu faire son ciel s'est toujours changé en enfer. »

S'il n'y a pas de *justice* commune possible entre l'institution judiciaire d'un État de droit et la justice dont se réclament les jihadistes, c'est que la justice est revendiquée des deux côtés sur des fondements absolument opposés. Le jihad se réclame d'une justice d'origine divine, appuyée sur une vérité *révélée*, tandis que l'institution judiciaire républicaine assume son origine humaine en s'appuyant sur la reconnaissance commune de principes fondateurs. Ces principes fonctionnent certes comme des dogmes, mais leur institution, émancipée de toute source transcendante et de toute prophétie, dépend de la seule responsabilité des communautés humaines (les peuples, les nations). Cette responsabilité s'exerce à travers la recherche, toujours approchée, jamais arrêtée, du juste et de l'injuste, dans sa triple dimension, éthique, juridique et politique – une recherche inspirée à la fois par la philosophie grecque, le droit romain, la morale chrétienne et l'idée des droits de l'homme. La conscience de son inévitable imperfection contribue à rendre l'institution judiciaire scrupuleuse, par opposition aux terroristes qui disent combattre au nom de leur dieu.

Du procès des terroristes nous pouvons attendre que justice soit rendue au nom du droit de notre pays et du droit international et espérer que la souffrance des survivants, blessés ou endeuillés, pourra être quelque peu apaisée par la reconnaissance des faits eux-mêmes et de l'horreur vécue par les victimes, parmi lesquelles beaucoup ont pu se voir mourir. Mais il serait vain d'en attendre on ne sait quel « remords » de la part d'hommes qui ne reconnaissent pas leurs actes comme des crimes et hésitent entre le besoin de se glorifier de leur combat et la dénégation de leur responsabilité, susceptible d'atténuer leur peine.

Le procès des jihadistes atteste en tout cas la vigueur d'une institution judiciaire qui respecte les droits de chacun, y compris ceux des accusés d'actes terroristes.

Au mois de juin 2022, le procès arrive au moment du réquisitoire. L'avocate générale Camille Hennetier n'élude aucune question fondamentale. Par exemple la difficulté, pour une « société sécularisée », de comprendre l'idée d'une foi absolue, inébranlable, capable de mettre en œuvre une « destruction de l'autre ». Peut-être pourrait-on ajouter que la guerre sainte d'aujourd'hui, comme toutes celles qui l'ont précédée, est moins l'expression d'une foi religieuse authentique que l'effet d'une captation de l'idée de Dieu, c'est-à-dire une idée de l'Absolu, par une doctrine politico-religieuse. Cette doctrine fonde la cité (*polis*) au sens large et classique du terme, c'est-à-dire la société, sur une Vérité absolue : la justice divine. À l'opposé, un État laïc, qui laisse le divin aux religions, ne peut se fonder en dernière instance que sur la recherche humaine *du juste et de l'injuste*, non pas seulement dans l'ordre judiciaire, mais dans la vie sociale, c'est-à-dire dans la vie politique telle que la concevait Aristote. C'est pourquoi la légitimité de l'institution judiciaire n'est pas séparable de la nature d'un État, c'est-à-dire de sa constitution et de sa finalité. Il peut d'autant plus légitimement « se protéger » de ceux qui veulent le détruire en les sanctionnant pénalement qu'il est un État de droit. L'avocate générale, au nom du Parquet national antiterroriste, conclut son réquisitoire en déclarant : « C'est ici la justice et le droit qui ont le dernier mot. »

« Les musulmans » et l'« islamophobie »

Pour une bonne partie des populations « issues de l'immigration », comme on dit et comme il vaudrait mieux ne plus dire, l'intégration a déjà eu lieu et n'est plus un sujet de débat. Mais il est difficile de nier que se pose une question politico-religieuse. La France n'a pas un problème avec l'islam ni avec les musulmans, elle a un problème avec l'islamisme. Ce n'est pas la pratique d'un islam traditionnel qui inquiète, d'autant que l'islam transmet des valeurs spirituelles et morales proches de la morale commune, comme l'honnêteté, la charité et l'aumône, c'est la revendication d'une culture séparée quand ses symboles se chargent d'une signification indiscutablement sexiste, voire d'une franche hostilité au judaïsme, au christianisme et à la France laïque.

Dans les années 1980, les « secondes générations » traversaient déjà une crise douloureuse. Victimes ici de préjugés racistes et de discriminations, ceux qui tentaient un retour en Algérie étaient souvent mal accueillis là-bas : rejetés, isolés, et traités d'« immigrés » ou de « Parisiens[1] ». Cet impossible retour au pays des grands-parents a favorisé l'idée que leur avenir était en France. Il semble que la création d'un islam européen était alors possible grâce à une adaptation réciproque. D'un côté, une adaptation de l'islam aux règles d'un État laïc puisque, d'un point de vue religieux, il est possible aux musulmans pratiquants d'y résider. De l'autre, une meilleure inclusion de l'islam dans la société, qui aurait appelé certains aménagements favorables au culte : par exemple l'augmentation du nombre de carrés musulmans dans les cimetières, avec orientation des tombes vers La Mecque ; la proposition d'un plat alternatif lorsque du porc est prévu au menu d'une cantine scolaire. On peut imaginer aussi la possibilité que les fidèles d'une religion minoritaire puissent choisir comme jour férié la date de leur principale fête religieuse *à la place* d'un autre jour férié reconnu par la loi[2]. Il s'agirait en somme d'assurer la laïcité dans une société multiconfessionnelle.

1. Voir « Les émigrés, ces étrangers de l'intérieur », enquête à Alger de Michel Arezki, *Libération*, 9 novembre 1983.

2. Je reprends ici les propositions de Patrick Weil dans *La République et sa diversité. Immigration, intégration, discriminations*, Paris, Seuil, coll. « La République des idées », 2005, p. 70.

Cette double adaptation, en partie réalisée, est compliquée aujourd'hui par le déploiement d'un prosélytisme islamiste qui s'applique à *reconvertir* à des doctrines fondamentalistes ou politiques les populations originaires de pays musulmans et installées en France ou en Europe. Trop d'enquêtes et d'études se recoupent pour que l'on puisse fermer les yeux sur la « prise de contrôle » de quartiers entiers par des organisations islamistes et prosélytes, en partie rivales[1]. Ce prosélytisme est devenu de plus en plus voyant depuis les années 2000 dans un certain nombre de régions et de quartiers, notamment à travers ses expressions vestimentaires. Pour toutes les mouvances salafistes, le port du voile intégral pour les femmes et de la barbe pour les hommes est un impératif en tant que marqueur de la « véritable » identité musulmane par opposition aux Occidentaux et aux musulmans traditionnels, jugés trop tièdes. En France, le nombre de lieux de culte d'obédience salafiste, comparé à celui de l'année 2000, avait doublé en 2015, atteignant 90 (sur les 2 500 lieux de culte musulman recensés), le plus souvent fondamentalistes, mais suffisamment extrémistes pour constituer une antichambre du jihad. Merah, on s'en souvient, s'était rapproché du salafisme. L'imam

1. Cf. l'ouvrage collectif *Les Territoires conquis de l'islamisme*, sous la dir. de B. Rougier, *op. cit.*

principal de la mosquée de Pantin qui avait relayé sur son compte Facebook la vidéo du parent d'élève dénonçant l'enseignement de Samuel Paty était un salafiste, membre des Frères musulmans pendant un temps[1].

Le salafisme progresse aussi en Europe. En Rhénanie du Nord par exemple, on comptait 1 900 salafistes, dont 300 potentiellement violents, en 2015[2]. À Düsseldorf, les autorités régionales ont encouragé la formation d'associations musulmanes pacifiques, avec le soutien des familles, pour tenter d'éloigner les jeunes des dangers du salafisme rigoriste par lequel sont le plus souvent passés ceux qui ont ensuite fait le voyage en Syrie et se sont engagés dans le jihad.

Certains salafistes vivant en France, parfois des convertis récents, se sont expatriés pour rejoindre des pays musulmans afin d'obéir aux fatwas d'origine médiévale condamnant le séjour des musulmans en terre d'impiété et leur recommandant le *retour en Terre d'islam* (la *hijra*, c'est-à-dire l'« hégire »). Parmi les motifs de ce retour figurait la difficulté pour les musulmans de vivre un islam « authentique » en raison de l'interdiction du « voile islamique » à l'école, de l'obligation d'assister aux cours de natation ou encore du

1. Voir l'article du *Monde* du 24 octobre 2020 : « Fermeture de la mosquée de Pantin : le salafiste, l'affairiste et les politiques ».

2. Cf. « Les petits pas allemands dans la lutte contre les salafistes », *Le Monde*, 31 mars 2015.

soutien des dirigeants français à la liberté de caricaturer le Prophète[1]. Or l'ensemble des musulmans n'avait jamais jusqu'ici considéré le port du voile des filles à l'école comme une obligation, et moins encore souhaité faire porter le niqab aux musulmanes : ces revendications sont propres aux *islamistes salafistes* ou à d'autres organisations fondamentalistes comme les adeptes du Tabligh. Ce sont ces milieux islamistes intégristes, la « galaxie ffériste » et les salafistes, qui ont, semble-t-il, parmi les premiers, accusé la France d'« islamophobie » en raison des lois françaises sur le voile.

L'« islamophobie » comme bouclier des islamistes

Plus qu'un mot ou une idée, l'*islamophobie* est un concept politique et stratégique qui connaît une fortune considérable, mais n'en est pas moins discutable. Construit sur le modèle de la xénophobie et du racisme, le mot désigne « une hostilité à l'égard de l'islam et des musulmans ». La phobie désigne classiquement une peur, ou plutôt une angoisse irrationnelle d'ordre psychopathologique. Toutes les formes

1. Voir Romain Caillet, « Trajectoires de salafis français en Égypte », in B. Rougier (dir.), *Qu'est-ce que le salafisme ?*, *op. cit.*, p. 257-271.

de « phobies » évoquent par conséquent une sorte de crainte maladive sans rapport avec la dangerosité de son objet. Le mot a été détourné de son sens pour valoir comme un synonyme de haine et d'hostilité. Parler d'une « islamophobie française », c'est dire à *tous les musulmans* que la *France en général* leur est hostile comme elle est hostile à *l'islam en général.* Ce concept n'est pas seulement une caricature trompeuse, il permet en tout premier lieu de ne faire aucune différence entre l'islam traditionnel et les doctrines islamistes, de sorte que celles-ci se trouvent à l'abri de toute critique. Ceux qui dénoncent à grand bruit l'islamophobie ne parlent d'ailleurs jamais de l'islamisme afin d'unir les musulmans traditionnels et les islamistes contre une France accusée globalement d'être islamophobe. Cette stratégie a été suffisamment efficace pour que beaucoup, par crainte de paraître hostiles aux musulmans, se sentent obligés de défendre les revendications islamistes.

Le succès de ce concept promu par les Frères musulmans et les organisations islamistes montre que l'islamisme a réussi une véritable percée dans l'esprit des Européens. Il ne faut pas s'en étonner puisque les institutions européennes elles-mêmes travaillent, sans le vouloir peut-être, à la promotion de cette culpabilisation collective. Un exemple seulement, particulièrement troublant.

En 2015, un important projet de rapport est mis en œuvre par la Direction des affaires européennes et le ministre turc des Affaires étrangères sur *L'Islamophobie en Europe*. Le projet, qui engagera plus d'une trentaine d'*experts*, est confié à la Fondation pour la recherche politique, économique et sociale (SETA), dont le fondateur, Ibrahim Kalin, est aujourd'hui le porte-parole et stratège de M. Erdogan. Le travail est financé en partie par le gouvernement turc mais aussi, assez généreusement, par le Parlement européen (à hauteur de 127 000 euros : la Commission européenne a confirmé). Parmi les rédacteurs du rapport final figure Farid Hafez, un proche des Frères musulmans et du gouvernement turc. Comme on pouvait s'y attendre, le rapport est accablant : « la haine de l'islam et des immigrés musulmans » règne sur la plupart des pays européens, une haine ici toujours mise en parallèle avec « la haine antisémite » ; il existe « un racisme antimusulman institutionnel », et l'islamophobie s'accompagne d'une « attaque des libertés civiles en Europe ». Le rédacteur du rapport consacré à l'islamophobie *en France*, Yasser Louati (membre du Collectif contre l'islamophobie en France, CCIF[1]), affirme quant à lui que les femmes sont victimes en France de

1. Le Conseil d'État a validé la dissolution du CCIF en 2021, justifiée notamment par les accointances avec des milieux islamistes.

discrimination et de *sexisme à cause du voile*, puisque les lois françaises « *ciblent* » la population *en raison de leur appartenance religieuse.* Il déclare par ailleurs dans un entretien public que la France est « le laboratoire mondial de l'islamophobie[1] ».

Sans surprise, le rapport sur l'islamophobie en France demande dans ses conclusions l'abrogation des lois de 2004 interdisant le port du voile dans les écoles publiques et de 2010 interdisant le voile intégral dans les lieux publics. Il réclame aussi des mesures pour faciliter la création de mosquées autonomes et « sous le total contrôle de la communauté ». Ces conclusions doivent satisfaire pleinement les autorités turques qui ont commandité le rapport et qui, on l'a rappelé, envoient de nombreux imams en France. Mais il est inquiétant que la rhétorique des Frères musulmans apparaisse sous le label de la Commission européenne, même si celle-ci a expliqué par la suite qu'elle n'était pas responsable du contenu du rapport et n'avait pas approuvé le document « de quelque manière que ce soit[2] ». Prenons-en acte, en espérant que de tels textes militants ne mettent pas sur de fausses pistes ceux qui

1. *Le Média*, entretien avec Yasser Louati, 27 mars 2019 (en ligne).

2. Voir la réponse de M. Varhelyi aux « Questions parlementaires », au nom de la Commission européenne, 27 août 2021. E-002177/2021 (ASW). Malheureusement, ce rapport circule partout. Espérons que sa présentation en tant que « rapport européen » ne trompera personne.

cherchent avec probité à reconnaître les formes de discrimination là où elles sont.

La notion d'islamophobie a en outre un avantage important : assimilée à un racisme et criminalisée en bonne et due forme, au même titre que le racisme, elle pourrait entrer dans le vocabulaire juridique et permettre de légiférer pour sanctionner pénalement les actes ou les lois supposées « islamophobes ». Si l'on n'y prend garde, tout porte à croire que la criminalisation de l'« islamophobie » conduira à rendre acceptables en droit les exigences ou pratiques islamistes les plus sexistes, comme le voilement des femmes. J'en parlerai un peu plus loin.

La prise en compte de l'ampleur du prosélytisme islamiste conduit, à mon sens, à nuancer quelque peu l'idée que la progression des islamismes en France s'expliquerait avant tout par la crise sociale et identitaire des jeunes générations « issues de l'immigration », à laquelle l'intégrisme religieux apporterait une réponse. C'était l'hypothèse d'Olivier Roy en 2002 lorsqu'il écrivait : « Le néo-fondamentalisme *accompagne* plus qu'il ne *provoque* la crise identitaire des immigrés musulmans[1]. » En 2015, le politologue faisait un raisonnement analogue à propos de l'engagement de jeunes Français dans le jihad, engagement à interpréter

1. Olivier Roy, *L'Islam mondialisé*, Paris, Seuil, 2002, p. 150.

comme le symptôme d'une « révolte générationnelle et nihiliste » de jeunes déracinés par l'immigration de leur famille et cherchant une façon d'exprimer leur colère ou leur ressentiment dans le combat pour une cause. D'où la thèse – ou l'hypothèse – d'une « islamisation de la radicalité » plutôt que d'une « radicalisation de l'islam ».

Sans doute faut-il prendre la mesure de cette *crise d'identité* traversée par une partie des jeunes générations issues de familles immigrées et en tenir compte pour corriger les politiques économiques, sociales et scolaires afin de lutter contre les discriminations. Pourtant, qu'il s'agisse des conversions à un islamisme politique ou fondamentaliste ou du basculement dans le jihad, aucun éclairage psychologique et social ne permet de laisser de côté la teneur religieuse et politique des doctrines elles-mêmes et le rôle déterminant joué par le prosélytisme islamiste dans les processus de « radicalisation ». Si l'islamisme offre une réponse à la crise d'identité, il contribue aussi activement à mettre en échec tout processus d'intégration et à fabriquer lui-même cette crise.

Le prosélytisme des Frères, des salafistes ou des fidèles du Tabligh, poursuit des fins précises fixées par des organisations étrangères. Dans les pays occidentaux où les musulmans constituent une minorité importante, les salafistes proposent trois options aux musulmans

« authentiques » : le départ vers les pays musulmans (l'hégire) ; le choix d'une vie communautaire suivant ses propres règles et séparée du reste de la société ; enfin un prosélytisme élargi aux sociétés occidentales laïques. Les actions prosélytes sont financées par des États soucieux de propager l'islam mais aussi de populariser *leurs propres doctrines* et d'exercer une influence sur la diaspora musulmane. En effet, l'émigration au départ de pays musulmans fait craindre aux États constitutionnellement musulmans un affaiblissement de la pratique religieuse et un glissement des émigrés vers une mentalité « occidentale », avec une orientation laïque, démocratique et plus égalitaire – notamment dans les relations entre hommes et femmes. Cette évolution est possible à la faveur de l'intégration réussie des émigrés dans leur pays d'accueil. C'est pourquoi les islamistes veulent compromettre cette intégration ou la limiter à une intégration économique qui laisse entière la possibilité de vivre selon des règles religieuses strictes dans des communautés séparées.

Le cas de la Turquie est à cet égard éclairant. Le président turc, Recep Erdogan, s'est beaucoup rapproché du mouvement islamiste « Millî Görüs » (IGMG) qui fait partie des réseaux des Frères musulmans. Sa stratégie consiste à envoyer en France des imams formés en Turquie (environ 150 aujourd'hui) pour garder le contrôle politique des populations turques émigrées et empêcher la dilution de leur identité religieuse et nationale dans la culture de leur pays d'accueil. Le ministère turc des Affaires religieuses (*Diyanet*), chargé de contrôler les religieux-fonctionnaires et le respect de l'islam officiel, rédige lui-même les discours lus dans les mosquées le vendredi, aussi bien en Turquie que dans les mosquées étrangères à majorité turque, comme celle de Strasbourg. Ainsi, ceux qui fréquentent cette mosquée reçoivent à travers les prêches la doctrine politico-religieuse imposée par le pouvoir présidentiel.

Les courants islamistes les plus politiques, comme celui des Frères musulmans, peuvent également inciter leurs sympathisants à participer à la vie démocratique du pays dans lequel ils vivent de façon à obtenir par la voie des urnes les mesures locales ou nationales nécessaires pour mener une vie conforme à la « loi divine » – telle qu'ils l'interprètent. La division entre les musulmans traditionnels et les mouvances islamistes fait que l'islam en France est un champ religieux *disparate* et *concurrentiel* où se jouent des luttes d'influences, comme le souligne Mohammed Adraoui[1]. Dans ces conditions, la tâche politique qui consiste à assurer le respect du culte musulman et la coexistence des différents courants religieux, tout en luttant contre

1. Mohammed Adraoui, « Être salafiste en France », in B. Rougier (dir.), *Qu'est-ce que le salafisme ?*, *op. cit.*, p. 232.

la formation de communautés islamistes séparées ou non respectueuses des lois, est particulièrement ardue.

J'ajouterai que si la crise sociale et identitaire peut – en partie – expliquer les progrès de l'islamisme en France, c'est aussi que les organisations et réseaux religieux jouent un rôle social important en construisant des formes de solidarité. Dans un contexte économiquement et socialement difficile, où le chômage et la pauvreté sont vécus comme des exclusions et des humiliations, le rattachement à une communauté religieuse est un moyen de reconstruire des solidarités défaillantes et d'affirmer en même temps une identité collective perdue. Certains témoignages recueillis auprès des *reconvertis* à un islam fondamentaliste font état du sentiment des néophytes d'avoir retrouvé leur dignité et leur fierté. Le respect des interdits et l'observance stricte des rituels, que méprise ordinairement l'individualisme moderne, sont une des façons, pour les humains en général, d'affirmer la maîtrise d'eux-mêmes. C'est aussi, pour un groupe, une façon de se distinguer des autres en revendiquant sa supériorité sur la vie déréglée des non-croyants qui donnent l'impression de n'avoir plus de points de repère.

Le revers de cette médaille religieuse est pourtant la rupture des jeunes « réislamisés » avec la société réelle dans laquelle ils vivent. Le résultat de ces prédications est d'augmenter leur désocialisation par le repli sur des modes parallèles de sociabilité. Car quelles perspectives leur offrent ces idéologues ? Ou bien une fuite hors du monde réel, pour entrer dans la communauté religieuse mondialisée de l'*oumma*, c'est-à-dire, comme le souligne Olivier Roy, une communauté qui reste virtuelle, déterritorialisée et par conséquent illusoire. Ou bien le retrait dans une communauté locale restreinte et close, régentée par des autorités religieuses et retranchée de la société dans son ensemble, c'est-à-dire une vie enfermée dans des ghettos intégristes.

La propagande islamiste a donc pour effet de détacher les jeunes du pays dans lequel ils vivent et de les détourner des moyens d'y construire leur avenir. Pour cette raison, l'islamisme en France ne *répond* pas simplement à une crise d'identité : il la *suscite* et il l'aggrave. Les Français de culture musulmane dans leur diversité ne pourront échapper au piège islamiste que si le pays qui nous est commun montre qu'il respecte tous ceux qui vivent sur son sol, croyants ou non. Le modèle classique de l'intégration n'est pas forcément perdu si des mesures susceptibles de mettre fin aux formes de discrimination sont prises. Sur ce point, l'État a sa responsabilité, et la « société civile » a la sienne. Il n'y a en France aucune loi qui implique ou autorise des discriminations selon la religion et c'est toujours en dépit des lois qu'elles ont lieu.

Gauchisme et islamisme

A priori, les islamismes n'avaient rien pour séduire la gauche et *a fortiori* la gauche radicale, si ce n'est qu'une partie de la mouvance islamiste révolutionnaire avait repris le flambeau des mouvements tiers-mondistes, comme le philosophe chiite Ali Chariati, lecteur de Frantz Fanon, qui associait le tiers-mondisme à l'islamisme[1]. Du côté des Frères musulmans, le prosélytisme s'est accompagné partout, depuis les années 1970, d'actions caritatives et sociales susceptibles de rejoindre des revendications « de gauche ».

En France, l'organisation Lutte ouvrière avait pourtant tiré la sonnette d'alarme en 2004, en s'inquiétant du fait que Tariq Ramadan, petit-fils du fondateur des Frères musulmans, soit devenu une des vedettes du troisième « Forum social européen » à Londres, manifestation proche d'un petit parti britannique, le Socialist Workers Party. Ce parti, observait Lutte ouvrière, « courtise depuis longtemps ce qu'il appelle les "islamistes radicaux" ». C'était vrai. En 1994, le journaliste britannique Chris Harman, membre du comité central de ce parti, croyait à « la nécessité d'une alliance stratégique avec les islamistes ». En 2003, dans la *Socialist*

1. Cf. O. Roy, *L'Échec de l'islam politique*, *op. cit.*

Review, Dave Crouch faisait l'apologie de l'alliance entre les socialistes et la Muslim Association of Britain, proche des Frères musulmans.

La connivence de certains partis et intellectuels d'extrême gauche avec les islamistes s'est manifestée notamment par leur soutien à la revendication la plus voyante de tous les fondamentalistes, à savoir le port d'un voile imposé aux musulmanes. Le Nouveau Parti anticapitaliste (NPA), jadis trotskiste, a cru bon par exemple de présenter en 2010 une candidate partiellement voilée aux élections régionales dans la région PACA. Ce choix était révélateur de la réorientation du NPA vers des revendications identitaires et religieuses susceptibles d'apporter quelques forces d'appoint dans les élections locales. C'est sans doute pourquoi ce parti, mais il n'est pas le seul, a fermé les yeux sur la progression des mouvances islamistes fondamentalistes dans divers territoires.

Cette stratégie symptomatique d'un recul des luttes sociales au profit d'une problématique identitaire religieuse et « anticoloniale » a été portée particulièrement par le Parti des indigènes de la République (PIR) au nom d'un « anticolonialisme postcolonial » (*sic*).

La cofondatrice du PIR, Houria Bouteldja, déclarait ainsi militer pour un « antiracisme » au nom de sa propre communauté religieuse et « raciale » : « J'appartiens à ma famille, à mon clan, à mon quartier, à ma race, à l'Algérie, à l'islam. » Contre « les féministes blanches », elle soutenait notamment qu'il est normal qu'une femme noire violée par un homme noir ne porte pas plainte, par solidarité avec sa communauté. Au lieu de reconnaître que certaines formes de domination des femmes, comme le viol, traversent toutes les communautés nationales, « raciales » ou religieuses, et touchent toutes les classes sociales, Bouteldja privilégie son attachement exclusif à sa communauté « de race ».

Mais rien ne légitime d'établir une hiérarchie entre la solidarité avec un groupe opprimé ou racisé et la solidarité avec les femmes en général dans leur lutte contre toutes les formes de domination qu'elles subissent encore. L'égalité des hommes et des femmes devant la loi, égalité pour laquelle les « féministes blanches » se battent en effet depuis longtemps, reste une cause universelle car l'hégémonie masculine est un fait historique universel. Cette cause n'a pas à être secondarisée ni sacrifiée à la lutte contre le racisme. J'évoquerai sur ce point l'analyse impeccable d'un cas précis exposé par la juriste afro-américaine Kimberlé Crenshaw dans un entretien donné au *Monde*[1]. La créatrice du concept d'intersectionnalité expliquait qu'un prédateur sexuel du nom de R. Kelly, qui avait « ruiné la vie de dizaines

1. Kimberlé Crenshaw, « La lutte contre le racisme doit inclure le combat contre le sexisme », *Le Monde*, 7 mars 2019 (en ligne).

de filles noires, parfois mineures » avait été en partie protégé par la solidarité d'Afro-Américains qui voulaient croire à son innocence et supposaient une « conspiration raciste » contre Kelly... puisqu'il était noir. Ce genre de solidarité se retourne alors forcément contre les victimes, et Crenshaw concluait logiquement : « La lutte contre le racisme doit inclure le combat contre le sexisme. »

Le plus grave est que Bouteldja sacrifie, quant à elle, le sexisme à un « antiracisme » assez singulier puisqu'il s'affirme finalement comme un racisme *inversé*. En 2016, la militante publie un livre au titre éloquent : *Les Blancs, les Juifs et nous.* L'adversaire politique désigné ici n'est pas seulement l'Occidental « islamophobe », c'est le « Blanc » à côté du « Juif » et par opposition à « nous », pronom pluriel qui suggère alors logiquement la « race » de l'auteur. Certes, on peut définir et nommer un groupe en fonction de sa condition sociale et s'identifier à ce groupe par appartenance et par solidarité s'il est victime d'une oppression ou d'une discrimination. Mais dire par exemple : « Nous, les Noirs, nous sommes victimes de discriminations » n'autorise pas à accuser tout Blanc de racisme ni à exonérer toute personne noire de sexisme. Il n'y a pas de raison d'établir une hiérarchie entre racisme et sexisme.

Tout en reconnaissant la persistance de sentiments xénophobes et racistes au sein de la société française, sentiments que seules les lois, l'éducation, l'éthique et d'abord la justice sociale peuvent et doivent réduire, on peut craindre que ces sentiments ne soient renforcés plutôt qu'affaiblis par les mouvements « identitaires » qui brandissent et excitent un racisme contre un autre.

D'une tout autre façon, la complaisance à l'égard des courants islamistes s'appuie parfois sur l'illusion qu'ils pourront constituer une force insurrectionnelle mobilisable dans la perspective de futurs combats anticapitalistes. Pari redoutable sans doute, car, comme le soulignait Jean Birnbaum, chaque fois que des forces de gauche ont cru pouvoir s'allier provisoirement à des mouvements islamistes politico-religieux pour renverser un régime d'oppression, elles ont « péché par orgueil » et ce sont elles qui ont été finalement balayées[1]. On l'a vu en Iran avec l'établissement de la République islamique.

Le vif intérêt que Michel Foucault avait porté au soulèvement iranien à ses débuts n'est pas de cet ordre. Certes, quelques mois après l'insurrection iranienne, dans un article du 11 mai 1979 publié par *Le Monde*, Foucault disait son admiration intacte pour tout « soulèvement » par lequel des hommes « refusent d'obéir au péril de leur vie » et qui « donne son souffle à

1. Jean Birnbaum, « La gauche et l'islamisme : retour sur un péché d'orgueil », *Le Monde*, 25 novembre 2020.

l'histoire ». Mais il savait aussi, et il l'a dit d'emblée, qu'il ne fallait pas s'attendre à voir s'effacer ensuite l'élément religieux.

En revanche, Alain Badiou n'a jamais cessé, quant à lui, de « pécher par orgueil » en minorant l'influence des idéologies islamistes dans le monde et en supposant que les mouvements religieux se convertiraient en forces politiques révolutionnaires communistes. La possibilité d'une réappropriation politique des islamistes comme force insurrectionnelle explique en partie pourquoi Badiou fustigeait en 2004 les défenseurs de la laïcité et se montrait complaisant pour le « foulard islamique », voire le voile intégral.

Même après le massacre de la rédaction de *Charlie Hebdo* et la mobilisation massive pour la marche républicaine organisée place de la Bastille et dans toute la France, Alain Badiou reprochait encore à la République une « utilisation démesurée » des récents attentats[1]. L'islamisme n'était à ses yeux qu'un faux problème destiné à servir la politique répressive de l'État (droite et gauche confondues) qui « ne défend en réalité que le capitalisme mondial ».

Je ne reprocherai pas à Badiou de faire la critique du « capitalisme prédateur » et de sa mondialisation

1. Cf. Alain Badiou, « Le rouge et le tricolore », *Le Monde*, 27 janvier 2015.

destructrice des valeurs non marchandes et du bien commun. En revanche, on peut regretter que le philosophe ait arrêté sa montre à l'heure des espérances communistes, comme si l'*idée communiste* telle que la concevait Mao Zedong était la seule option possible face au capitalisme mondial et comme si l'histoire des révolutions russe et chinoise ne nous avait pas détrompés.

Chaque fois que les hommes ont voulu faire descendre la justice divine sur terre ou déplacer l'espérance religieuse de *salut universel et individuel* vers la promesse d'un *salut terrestre et collectif*, ils ont créé des empires et des régimes théologico-politiques, comme ceux de Constantin et de Théodose. En d'autres temps, des idéologies politiques totalitaires ont fonctionné comme des « religions séculières ».

Mais observons maintenant d'un peu plus près la question du « voile islamique », véritable *casus belli* pour ceux qui sont attachés au principe d'égalité.

Voilements et dévoilements

Pour mieux *dédramatiser* la « question du voile », on déplore souvent qu'il ait été *diabolisé.* Mieux vaudrait dire, à mon sens, que cette question s'est révélée *diabolique* au sens étymologique du terme, puisque *diabolos* qualifie en grec *ce qui divise* et *ce qui sépare.*

À tous égards, le voile divise en effet : c'est là une de ses fonctions. Non seulement le *voilement* des femmes fait partie d'une culture de la séparation, de la mise à l'écart des femmes, mais la chose même – le voile – est devenue un objet de litige et une cause de division sociale et politique. Cette division n'est pas née d'un quiproquo, elle a été voulue par les islamistes.

Il serait présomptueux de ma part de prétendre dire comment résoudre un conflit dont l'origine dépasse la scène nationale et dont l'enjeu est à la fois l'islam comme culture, le statut qu'il accorde aux femmes, et l'avenir de notre propre culture. Mon intention est d'abord d'explorer le sens que l'on peut donner à la très ancienne coutume du voilement des femmes et d'en interroger la résurgence brutale avec l'expansion des courants islamistes. Il s'agira ensuite de montrer que le sens de ce voilement est aujourd'hui aussi politique et identitaire que religieux au sens strict et que le voile lui-même devrait être considéré en tout premier lieu comme un *emblème politique.*

Comment interpréter l'apparition, dans notre société, à la fin des années 1980, de cet accessoire vestimentaire que de très jeunes musulmanes ont voulu arborer à l'école ? Pour entrer dans cette question, il faut garder à l'esprit qu'un signe ou un symbole n'a jamais de sens pris isolément. Un voile ou un foulard n'est en lui-même rien d'autre qu'un morceau de tissu. C'est son rôle comme pratique sociale, en l'occurrence comme pratique religieuse, qui lui donne son sens. Sur ce point, les islamologues eux-mêmes sont divisés, bien qu'il ressorte de l'étude des textes que le Coran reste très allusif à ce sujet. Comme obligation pour les musulmanes, le port d'un voile a été imposé très tôt, comme tous les préceptes précis de la charia, par les érudits membres des écoles coraniques. Mais l'islam est loin d'avoir inventé ce voile qui faisait partie de coutumes et de cultures ancestrales préislamiques. En tout cas, que l'on considère l'aspect coutumier de la chose ou bien sa place dans une doctrine religieuse, la signification du voile doit être cherchée avant tout dans le geste du *voilement des femmes par les hommes*. C'est cette *entreprise sociale du voilement* qu'il faut saisir.

À l'aide de quelques exemples, nous verrons que ce geste (masculin) de voilement des femmes a un sens traditionnel, anthropologique et religieux, toujours lié à l'autorité masculine, qu'il est caractéristique de certaines cultures et associé à des institutions et des lois liées à l'exercice d'un pouvoir mâle. De nos jours, ce voilement a pris aussi un sens éminemment politique avec la montée des islamismes, en raison du rôle que jouent ces courants dans le monde musulman. Quant aux pays non musulmans confrontés au phénomène de réislamisation porté par les islamismes, le voile y suscite forcément un certain trouble compte tenu des habitudes et de la sociabilité françaises. Non seulement il répète un geste traditionnel propre à certaines cultures radicalement sexistes, mais le voilement se charge d'une tonalité politique et affective anti-occidentale portée par une mémoire anticoloniale et antifrançaise.

Mais abordons le phénomène par son versant religieux, qui déchaînait déjà les passions au IIe siècle si l'on en croit le ton dramatique que prenait Tertullien pour exhorter les jeunes chrétiennes à se voiler.

Le sexe dangereux et le régime du rideau

Si l'on veut bien prendre un peu de recul par rapport aux thèmes qui font périodiquement notre actualité, on verra que la prescription du voilement féminin, avec ses variantes, coïncide avec certaines formes sociales d'appropriation masculine des femmes, avant tout dans le cadre de l'institution familiale. Le voilement des femmes a toujours été le signe le plus voyant, autrement dit le *marqueur*, d'un ordre religieux, familial et social dans lequel « la femme » n'a pas le statut d'une personne *à part entière*.

Aucune religion n'a inventé la hiérarchie des sexes mais toutes les religions, me semble-t-il, l'ont légitimée. Dans l'histoire occidentale, avant le temps des philosophes et des théologiens, les poètes grecs et romains livrent avec les mythes un imaginaire masculin pour lequel la femme est à la fois charmeuse et dangereuse. Par la voix d'Hésiode, Pandora, la première femme, apparaît comme un piège envoyé aux humains par les dieux[1] : c'est elle qui ouvre la jarre qui contenait tous les maux (maladie, souffrance, vieillesse…) et c'est d'elle, selon la *Théogonie*, qu'est sortie « la race

1. Voir Jean-Pierre Vernant, *Pandora, la première femme*, Paris, Bayard, 2005.

maudite des femmes, terrible fléau installé au milieu des hommes mortels[1] ». Cette « race », ce *génos*, autrement dit ce *genre féminin*, vient troubler et menacer le genre *humain*, essentiellement mâle[2]. Je ne songe jamais à ce mythe sans que me revienne en mémoire une remarque de Claude Lévi-Strauss, faite comme en passant lors d'un entretien télévisé avec François Jacob : « Dans toutes les sociétés que j'ai pu connaître, disait-il, les femmes sont toujours le sexe dangereux[3]. » Face à cette dangerosité, il fallait instituer des modes d'appropriation et de contrôle des femmes. Le mariage, à Athènes et à Rome, remplit cette fonction, d'autant qu'il permet de nouer un lien juridique entre l'homme et sa progéniture qui, sans une épouse légitime, ne serait pas établi. Or – j'y viens – le voile occupe dans l'Antiquité romaine une place importante dans les rituels et la symbolisation de la relation matrimoniale fortement hiérarchisée. Dans la société romaine archaïque, où les

1. Hésiode, *Théogonie*, 585-592, texte établi et traduit par Paul Mazon, Paris, Les Belles Lettres, 1960.

2. Sur la différence entre le genre humain pensé comme mâle et la « race des femmes » en Grèce ancienne, voir Nicole Loraux, « Sur la race des femmes et quelques-unes de ses tribus » [1978], in *id.*, *Les Enfants d'Athéna. Idées athéniennes sur la citoyenneté et la division des sexes* [1981], Paris, Seuil, coll. « Points Essais », n° 214, 1990.

3. On peut réécouter ce passionnant entretien, réalisé par Roger Kahane en 1972, sur le site de l'INA : « La logique du vivant. François Jacob rencontre Claude Lévi-Strauss ».

droits du *pater familias* sont considérables, les matrones de haut rang soumises à l'autorité de leur époux doivent se couvrir la tête d'un fichu carré, la *rica*, qui retombe sur la nuque, les oreilles et les épaules. L'enlever en public, c'était risquer la répudiation[1].

Mais ce sont les grands mythes bibliques qui ont programmé une anthropologie centrée sur l'homme mâle. Dans l'un des deux récits de la Genèse, la femme, *Isha*, est dérivée de l'homme, *Ish*[2]. Tirée de la côte (ou du côté) d'Adam, la première femme est donc *originairement seconde*. Elle vient *après*. Comme l'écrit Emmanuel Levinas, « *la féminité même de la femme est dans cet initial après-coup*[3] ».

Cette secondarité ontologique est mise en relief par la théologie chrétienne des premiers siècles pour légitimer l'autorité masculine. Pour l'apôtre Paul, cette autorité justifie que l'homme doive prier ou prophétiser la tête nue, tandis que la femme doit porter un voile : « Non, un homme n'est pas tenu de se couvrir la tête, étant image et gloire de Dieu, mais la femme est la gloire de l'homme. L'homme n'a pas été tiré

1. Nicole Boëls-Janssen, *La Vie religieuse des matrones dans la Rome archaïque*, Rome, École française de Rome, 1993.

2. Voir Pauline Bebe, *Isha. Dictionnaire des femmes et du judaïsme*, Paris, Calmann-Lévy, 2001, p. 116.

3. Emmanuel Levinas, « Et Dieu créa la femme », in *id.*, *Du sacré au saint*, Paris, Minuit, 1977, p. 142. C'est Levinas qui souligne.

de la femme mais la femme de l'homme et l'homme n'a pas été créé à cause de la femme mais la femme à cause de l'homme. La femme est donc tenue de porter sur la tête un signe d'autorité[1]... » Le voilement était donc, bien avant l'islam, un symbole vestimentaire de l'humilité féminine face à l'autorité masculine.

Dans ses formes couvrantes, le voile était une ancienne coutume païenne. À la fin du IIe siècle, dans la province romaine de Carthage (aux alentours de l'actuelle Tunis), une petite fronde éclate un beau jour dans la communauté chrétienne : les jeunes filles vierges refusent de porter le voile comme on le leur demande, car il n'était d'usage jusque-là que pour les femmes mariées et les veuves. La chose semble suffisamment sérieuse pour que Tertullien, orateur latin de génie mais moraliste rigide, prenne la plume pour écrire un traité sévère sur *Le Voile des vierges*[2]. Non seulement il exhorte les jeunes filles à se couvrir la tête, car le voile est « le rempart de la pudeur et de la discrétion », mais en plus il leur présente comme un modèle de vertu le port d'un voile intégral porté à cette époque par les païennes en Arabie. Ce voile

1. Paul, 1 Corinthiens 11, 7-10, éd. Bayard. Pour un plus long commentaire, je me permets de renvoyer au chapitre « Le voile et la barbe » de *Métaphysique des sexes*, *op. cit.*

2. Tertullien, *Le Voile des vierges*, introduction et commentaire par Eva Schulz-Flügel, traduction par Paul Mattei, Paris, Cerf, coll. « Sources chrétiennes » nº 424, 1997.

est tellement enveloppant qu'il « ne laisse voir qu'un œil » – ce qui atteste pour Tertullien la très grande vertu de ces femmes qui préfèrent « renoncer à la moitié de la lumière » plutôt que d'exposer leur visage tout entier. Le théologien n'a pas convaincu les jeunes filles de son temps mais l'exemple qu'il donne et la référence à l'Arabie confirment que le voilement total était bien antérieur à l'époque du Prophète, comme la mise sous tutelle des femmes.

Le Coran ne dit d'ailleurs presque rien du voile, sauf dans quelques rares passages : « Ô Prophète ! Dis à tes épouses, à tes filles, et aux femmes des croyants, de ramener sur elles leurs grands voiles... » « Et dis aux croyantes de baisser leur regard, de garder leur chasteté, [...] et de ne montrer leurs atours qu'à leur époux[1]... » En revanche, la soumission féminine dans l'islam est fondée, comme dans la Genèse, sur le fait que l'homme a été créé pour lui-même, tandis que la femme a été créée pour être l'épouse de l'homme. Le Coran dit ainsi aux musulmans : Allah « a créé de vous, pour vous, des épouses pour que vous viviez en tranquillité avec elles » (sourate 30, verset 21). Le message divin s'adresse aux hommes, qui devront ensuite dire à leurs femmes ce qu'elles doivent faire ou non. La forme même de cette adresse devrait retenir notre attention, car elle prouve

1. Sourate 33, verset 59, et sourate 24, verset 31.

que, lorsque Allah donne un conseil aux hommes – « Dis à tes épouses… » –, l'obéissance des épouses est déjà bien installée dans la société arabe. Elles sont supposées obéir à leur époux. L'islam ne crée pas cette relation d'obéissance, mais il la légitime à son tour.

Sans disparaître du monde chrétien, le voile y a perdu son sens religieux – sauf pendant les offices religieux ou pour les congrégations religieuses, voire le voile nuptial, par ailleurs sécularisé. En revanche, la coutume du voilement, avec ses variantes, a survécu pendant des siècles dans diverses cultures, notamment en Perse et au Pakistan.

Le voilement féminin se rattache à un interdit social selon lequel les hommes *ne doivent pas voir les femmes*, à l'exception de leur mère, de leur épouse et de leurs filles, ou de certaines femmes de leur proche famille. Cet interdit est devenu fréquent dans la culture musulmane des classes supérieures au nord de l'Inde. Le voile faisait partie d'un ensemble de coutumes et de dispositifs concrets destinés à cacher les femmes au regard masculin, ensemble que définit la notion de *purda* (ou *pardah*), particulièrement au Pakistan[1]. On pourrait décrire ce *purda* – devenu rarissime aujourd'hui – en parlant d'un *régime du rideau*, puisque le mot signifie *rideau*

1. Voir Christèle Dedebant, *Le Voile et la bannière. L'avant-garde féministe au Pakistan*, Paris, CNRS Éditions, 2003.

ou *tenture* (en ourdou et en hindi). En arabe, le rideau, fait pour cacher, se dit *hijab*, nous en reparlerons. Ce régime traditionnel définit un *éthos* et une pratique incluant l'organisation de la ségrégation des deux sexes dans l'espace, les femmes étant maintenues à l'écart des activités propres à la sphère publique (masculine). Il se concrétise par diverses séparations matérielles, y compris à l'intérieur de la maison. Le *purda* oblige les femmes à dissimuler complètement leur corps afin de cacher leurs charmes à tout homme étranger à leur famille proche.

Bien qu'on rattache officiellement cette coutume à la nécessaire pudeur des femmes et à leur protection, la façon dont le discours masculin justifie la chose montre qu'il s'agit bien moins de respecter la pudeur des femmes que de *protéger les hommes* de leurs propres désirs, et donc de leur éviter de convoiter l'épouse d'un autre. La réciprocité de ce principe permet ainsi à chacun de préserver la chasteté de sa propre épouse, ou plus exactement son propre honneur d'homme et d'époux auquel la femme *appartient* comme un bien précieux. Selon l'historienne et féministe Sophie Bessis, « la tragédie des sociétés arabes patriarcales est que l'honneur des hommes repose sur le corps des femmes[1] ». N'oublions jamais que, dans

1. Entretien oral. Sophie Bessis a publié *L'Occident et les autres. Histoire d'une suprématie*, Paris, La Découverte, 2003.

ce contexte, et sans doute bien au-delà, les relations entre les hommes et les femmes dépendent largement des relations et des enjeux de pouvoir *entre hommes.*

Le dévoilement des féministes arabes

Dans les pays du Maghreb, le voilement était rattaché aux traditions locales au point que des non-musulmanes, juives ou chrétiennes, le portaient encore, elles aussi, au début du xxe siècle. Pourtant, au cours des années 1920 et 1930, apparaissent en Égypte et au Maghreb des associations féministes décidées à libérer les femmes de cette coutume aliénante liée à l'ordre patriarcal.

Les pionnières du féminisme arabe les plus audacieuses se dévoilent alors publiquement, comme l'Égyptienne Huda Sharawi en 1923, la Tunisienne Bchira ben Mrad et la Marocaine Malika al-Fassi[1]. En Égypte et en Tunisie, dans les années 1950, l'abandon du voile apparaissait comme un signe de modernité et de libération. On peut voir sur le Net la séquence tournée à cette époque[2] montrant Nasser en train d'ironiser

1. Voir le précieux ouvrage de Leïla Tauil, *Féminismes arabes, un siècle de combat. Les cas du Maroc et de la Tunisie*, Paris, L'Harmattan, 2018.

2. La vidéo est authentifiée mais sa date exacte n'est pas connue : entre 1954 et 1958.

devant un public hilare sur l'idée ridicule d'imposer le port d'un voile à sa fille, comme le réclamaient les Frères musulmans. À la mort de Nasser, en 1970, les Égyptiennes lui ont rendu hommage en défilant tête nue. (Je laisse ici de côté la politique de Nasser.)

En Iran, la révolution de 1979 n'a pas introduit le tchador, mais elle a opéré un changement de sa signification : il était traditionnel et religieux, il est devenu politico-religieux. Dès le début de l'insurrection contre le régime du Chah, le voile ne devait plus être porté passivement selon la tradition, mais comme *signe révolutionnaire, choisi et porté librement par les femmes.* Hélas, après l'instauration de la République islamique d'Iran, les choses ont changé : le voile noir leur a été imposé *manu militari* par la police de l'ayatollah Khomeini. Les femmes devaient l'adopter bon gré mal gré si elles voulaient accéder à l'Université et pratiquer diverses professions. La plupart des réfractaires ont alors cédé car le tchador était devenu un passeport indispensable pour l'intégration à la vie sociale. L'obligation semble s'être atténuée depuis, mais en 2017, le 27 décembre, Vida Movahed a été arrêtée à Téhéran pour avoir brandi, tête nue, son voile au bout d'un bâton dans la rue Enghelab (rue de la Révolution). Elle a passé un mois en prison.

Pour les femmes vivant sous un régime de terreur et de réclusion, comme en Afghanistan, ou soumises aux contrôles policiers des régimes religieux, comme les régimes iranien ou saoudien, la lutte pour le dévoilement ne cesse pas, mais ce geste de libération est souvent impossible et dangereux. En Afghanistan, chaque fois que les talibans sont revenus au pouvoir (la dernière fois en 2021), les femmes ont été exclues de la vie sociale, privées d'enseignement, soumises totalement à l'autorité masculine dans tous les domaines et cantonnées à l'espace privé de la famille. À l'extérieur, le port du *chadri*, et surtout de la *burqa*, est de nouveau prescrit sous la forme effroyable d'une prison ambulante, enveloppant la femme de la tête aux pieds dans un épais voile bleu ou noir dissimulant jusqu'au regard lui-même derrière un tissu grillagé.

Il est tout à fait fascinant d'observer le retournement rhétorique par lequel l'abolition d'une pratique *essentiellement sexiste* qui *sépare et discrimine* les femmes se trouve transformée en acte de discrimination et d'exclusion ! Le *dévoilement* auquel tant de musulmanes aspirent dans le monde devient, pour les islamistes, une preuve de l'intolérance, du racisme, de l'islamophobie, et même du sexisme français. La même rhétorique sévit ailleurs. Lorsque la Suisse a légiféré pour interdire la burqa et le niqab, deux voiles solidaires d'une mise sous tutelle des femmes particulièrement sévère, les opposants à cet interdit n'ont pas manqué d'accuser les Suisses, non seulement de xénophobie, mais même de sexisme !

L'invention du foulard islamique

En Égypte, après la phase nationaliste et laïque, l'islamisation souterraine de la société a continué dans la clandestinité, car les Frères musulmans ont pris en charge diverses fonctions caritatives et sociales (aides aux plus pauvres, soutien scolaire, etc.). Ces actions leur permettaient de pénétrer la société civile et d'opérer un « réarmement religieux par le bas ». Ce sont eux qui réintroduisent l'obligation du voilement pour les musulmanes. Il était impossible d'imposer aux femmes dans la vie courante un voile très couvrant, comme le *niqab*, le *sitar* ou la *burqa*, ou même le *tchador* iranien.

On attribue aux Frères musulmans l'invention d'un nouveau modèle de voile, simple, pratique, et pour tout dire *moderne*, susceptible de remplacer en Égypte et ailleurs les grands voiles traditionnels que les femmes avaient souvent cessé de porter. Ce modèle, nommé tout simplement *hijab* – le mot arabe signifie « qui cache » ou « qui recouvre » –, peut désigner tout rideau ou voile en général[1]. Ce modèle *banalisé* s'est répandu comme une traînée de poudre, à côté des voiles plus couvrants, emblématiques du salafisme ou du chiisme iranien.

1. Voir, notamment, Camille Lacoste-Dujardin, « Le hidjâb en France : un emblème politique », *Hérodote*, n° 77, 1995, p. 103-118.

Le hijab est ainsi devenu un « simple voile », en français « foulard islamique », ou, pour rester encore plus simple, *foulard* tout court, comme si la chose avait toujours été la tenue ordinaire d'une musulmane. Il n'en est rien, puisque le hijab est un voile « réformé », de style standardisé et de ton discret, qui couvre les cheveux, le cou et les épaules. Ce vêtement sobre, accordé à une pratique intégriste, purifiée et « authentique » de l'islam, est fait pour rappeler à l'ordre les femmes de la communauté musulmane, et c'est ce nouveau voile qui a été introduit en France et que les organisations islamistes ont voulu imposer à l'école en 1989.

La « question du voile » n'était ainsi que la partie émergée d'un iceberg auquel se sont heurtés les établissements et les enseignants de certaines régions ou quartiers. Le lien entre les revendications de jeunes filles et les mouvements islamistes a été maintes fois observé ensuite par les enseignants et les chefs d'établissement. L'un d'entre eux explique : « Ce n'est même plus à des parents d'élèves qu'on a affaire, mais à des membres de réseaux fondamentalistes qui viennent représenter la famille aux côtés des élèves[1]. » De son côté, Patrick Weil raconte qu'après quatre mois d'enquête, en 2003,

1. Témoignage tiré du rapport fait au nom de la mission d'information sur la question du port des signes religieux à l'école. Président et rapporteur : M. Jean-Louis Debré, 2003.

la commission Stasi, à l'unanimité moins une voix, a reconnu que « porter le voile ou l'imposer aux autres était devenu un sujet non pas de liberté individuelle mais de stratégie coordonnée par des groupes utilisant les écoles publiques comme leur principal champ de bataille[1] ».

La reconnaissance de cette *stratégie*, de la part d'un chercheur dont le souci de l'égalité et la probité intellectuelle ne font aucun doute, signifiait que l'apparition d'un voile islamique en milieu scolaire aurait dû désormais s'interpréter, au minimum, comme un *signe de prosélytisme religieux* promu par des mouvements particuliers. Si la loi de 2004 interdisant les signes religieux à l'école a pu être votée, c'est que les parlementaires ont reconnu eux-mêmes la fonction prosélyte du voile, et qu'ils savaient que la « bataille » menée dans l'école par certains « groupes » n'était pas seulement religieuse, mais identitaire et politique.

La complexité des problèmes posés par l'islamisme à notre système juridique tient au fait que, au nom de la liberté religieuse protégée par la laïcité, on sanctuarise en quelque sorte le champ du religieux, et au nom de la liberté religieuse, on prétend faire admettre des formes de discrimination des femmes. Mais les lois de 2004 et de 2010 sur le voile ne sauraient être mises en cause

1. P. Weil, *La République et sa diversité*, *op. cit.*, p. 68.

en tant que « lois liberticides », constituant une forme d'intolérance ou d'« atteinte à la liberté religieuse », si l'on veut bien considérer que la discrimination sexuelle n'est pas une « opinion ». Il ne serait pas déplacé de faire ici une analogie. Le sexisme n'est pas un racisme, et il est absurde de réduire toutes les formes de domination ou de discrimination à des racismes. Mais le racisme est à la fois condamné par la loi et par l'éthique commune : imagine-t-on qu'il puisse être toléré s'il faisait partie d'une doctrine religieuse ? Évidemment non. De même, il n'y a pas de raison de tolérer les discriminations sexistes sous prétexte qu'elles font partie d'une doctrine religieuse ni d'admettre qu'elles prospèrent sous le couvert de la « liberté religieuse ».

À cet égard, la loi du 24 juillet 2021 pose des limites à la liberté religieuse et prévoit notamment de sanctionner les « provocations à la haine raciale » dans les lieux de culte, mais elle ne dit pas un mot des provocations à la discrimination sexuelle : serait-on embarrassé parce que cette discrimination est inhérente à la prédication islamiste fondamentaliste ?

Bien que le geste du voilement soit traditionnellement destiné à *cacher* les femmes, lorsqu'il voile les musulmanes dans une société où les autres femmes ne sont jamais voilées, il a pour effet de les montrer tout en les cachant. Le voile qui les cache les montre en même temps *en tant que « musulmanes authentiques »*.

Avec leur voile – quel qu'il soit – elles *représentent* la communauté musulmane *véritable.* Ostensiblement, elles témoignent d'une *réislamisation* de la société.

Dans le contexte européen et surtout en France, en raison de sa constitution laïque et de son passé colonialiste, le voile islamiste prend une valeur identitaire en même temps qu'il se charge affectivement de ressentiment anticolonial et anti-occidental. Dans ce cas, le voile indique publiquement que la femme qui le porte est sexuellement réservée aux hommes de sa communauté. On sait que selon les règles de la charia une musulmane ne peut pas épouser un non-musulman[1]. En effet, la musulmane soumise à l'autorité de son époux risquerait d'abandonner sa religion en obéissant à un non-musulman. En revanche, un musulman peut épouser une non-musulmane, car il a autorité sur elle et pourrait la convertir à l'islam.

Sans entrer dans le détail des règles juridiques (qui dépendent des écoles coraniques différentes), disons que le statut personnel des femmes, selon une interprétation intégriste, c'est-à-dire littérale de la charia, ne leur accorde pas de droits familiaux égaux à ceux des hommes (répudiation possible de l'épouse par son

1. Cf. Lucie Pruvost, « Le mariage interreligieux au regard de l'islam », *Hommes et migrations*, n° 1167, juillet 1993, p. 30-33.

mari, polygamie, inégalité des droits de succession et des droits parentaux). Par exemple : le « droit de la mère » est un droit « de garde », alors que celui du père est un droit de tutelle sur l'enfant, ce qui signifie que le père peut prendre seul toutes les décisions qui concernent l'enfant. Ce droit familial, pense-t-on, appartient à l'islam des pays méditerranéens en général, et non aux islamistes.

Pourtant, l'islam n'est pas une « monocratie » établissant des normes précises établies définitivement. Par sa fixation à l'idée d'une origine intangible et sacrée des normes, l'islamisme intégriste écarte l'effort d'interprétation (*ijtihad*) dont on a rappelé qu'il était pourtant au cœur de l'islam. En privilégiant une lecture « littérale » des textes, en balayant l'histoire des interprétations, des traditions, et cet effort de réflexion des juristes du passé, l'islamisme ferme le chemin possible vers un islam vivant, pour lequel les fidèles doivent assumer leur responsabilité face au divin. De ce point de vue, l'avenir de l'islam dépendra beaucoup de l'engagement des femmes dans le travail théologique de l'interprétation et du droit. Le chemin sera encore long. Mais des courants de pensée féministes dans l'islam se développent dans différents pays[1].

1. Voir Stéphanie Latte Abdallah, « Féminismes islamiques à l'heure révolutionnaire : normes, genre et démocratie », in Florence Rochefort

En France, il est difficile de comprendre pourquoi certaines féministes s'interdisent toute analyse critique de la fonction du voile et de l'inégalité des deux sexes prônés par l'islamisme.

La loi contre le voile à l'école : une « discrimination » des musulmanes ?

Après l'interdiction générale du voile dans les écoles, les collèges et les lycées en 2004, un courant féministe a choisi de défendre les jeunes filles voilées comme si elles étaient victimes d'une discrimination. En l'espèce, trompé à mon sens par le stratagème de l'islamophobie et la peur de « stigmatiser » les musulmans, ce féminisme a défendu une coutume intrinsèquement sexiste au nom d'un « antiracisme ». Christine Delphy prétend qu'il n'y a pas à choisir entre l'antisexisme et l'antiracisme[1]. Elle a raison, mais elle opte en définitive pour l'antiracisme et laisse tomber l'antisexisme. Elle se trompe pourtant en voyant dans la loi de 2004 « une mesure particulière contre une population

---

et Maria Eleonora Sanna (dir.), *Normes religieuses et genre. Mutations, résistances et reconfiguration (XIXe -XXIe siècle)*, Paris, Armand Colin, 2013, p. 217-230.

1. Christine Delphy, « Antisexisme *ou* antiracisme ? Un faux dilemme », *Nouvelles questions féministes*, vol. 25, n° 1, 2006, p. 59-83.

particulière » qui « stigmatiserait » par conséquent les musulmanes. Ce raisonnement est faux parce que la loi ne porte pas sur des personnes : elle porte sur une pratique sociale imposée par des cultures religieuses ou traditionnelles selon lesquelles les femmes sont mises à part et littéralement *discriminées.* C'est donc par un tour de passe-passe que la suppression d'une discrimination devient discriminatoire ! Toutes proportions gardées, c'est un peu comme si, en interdisant l'excision des filles, pratique non musulmane mais propre à certaines cultures, on prétendait que la loi « stigmatise » une population. À partir du moment où cette pratique est une torture, nos lois excluent légitimement qu'elle soit imposée à des petites filles pour quelque raison que ce soit. Le port du voile n'a rien à voir avec ce rituel cruel, mais il n'y a pas de raison d'accepter des pratiques sociales, y compris religieuses, dès lors qu'elles sont inégalitaires, comme tant de féministes arabes l'ont souligné sans passer pour « racistes ».

Je dirai de façon plus générale, en pensant à un petit groupe de féministes rencontré au Maroc à la fin des années 1990, qu'il ne s'agit pas pour moi de promouvoir un modèle unique d'émancipation des femmes. Je suis convaincue que tous les féminismes ont une dimension universelle dans la mesure où toutes les cultures ont élaboré une anthropologie et des institutions centrées sur l'humanité « mâle ». Mais les systèmes symboliques, juridiques et politiques sont construits différemment selon les sociétés et les époques, si bien que les façons de les déconstruire sont elles aussi différentes. C'est pourquoi il y a nécessairement plusieurs féminismes et il ne nous appartient pas de juger – du dehors – les stratégies de libération des femmes qui vivent dans d'autres pays et d'autres cultures.

On voit néanmoins que là où les femmes avaient acquis une certaine autonomie, la plupart d'entre elles ressentent comme une régression l'obligation du voilement prônée par des mouvances islamistes.

Le dévoilement : une « obsession française » ?

Alors qu'un vent de liberté avait commencé à souffler sur les femmes du Maghreb dans les années 1930, la lutte contre les puissances colonisatrices a contribué à bloquer le mouvement en ce sens, en particulier au moment où la politique coloniale française en Algérie tentait de rallier les femmes à la cause de l'Algérie française en les incitant à se dévoiler. En 1958, la politique colonialiste et ses méthodes grossières, voire impudiques, ont au contraire contribué à faire de l'islam et de ses symboles un emblème du peuple algérien.

En 1959, Frantz Fanon dénonçait le dévoilement des femmes en Algérie comme une entreprise de « destruction de la culture algérienne » par le colonisateur. Le voile traditionnel, écrivait-il, « est le symbole du statut de la femme » et celui de « la culture algérienne ». Disant cela, il ne posait pas la moindre question sur la condition des femmes exprimée par cette pratique[1]. Dévoiler les femmes, dans ce contexte politique, constituait à ses yeux un véritable « viol » de l'Algérie. L'image était puissante et volontairement obscène, mais elle laissait de côté la nature inégalitaire, sexiste et patriarcale du voilement dans la culture algérienne traditionnelle. Fanon exhaussait le voile au niveau d'un symbole national et il en faisait un drapeau de la lutte des Algériens pour leur liberté.

Faut-il pour autant, au nom de ce moment historique particulier, continuer à interpréter le voilement, dans un contexte radicalement nouveau, comme un symbole de résistance à la France coloniale ? C'est ce que suggère une revue marxiste, justement nommée *Contretemps*, en affirmant que « le "foulard" continue d'agir comme signifiant – un signifiant spécifiquement français ». Le dévoilement des femmes resterait ainsi « une obsession française[2] ».

1. Frantz Fanon, *L'An V de la révolution algérienne* [1959], Paris, La Découverte, 2011.

2. *Contretemps*, revue de critique communiste, 27 octobre 2021 (en ligne).

Certains anachronismes sont fructueux, d'autres sont néfastes. La question politique du voile se pose-t-elle réellement *de la même façon* que dans les années 1950 ? Peut-on aujourd'hui laisser *hors de question* la signification sociale et sexiste du voile et son intrication avec un système d'oppression juridique des femmes ? Dans le monde présent, les promoteurs du voilement des femmes sont des *activistes islamistes* qui investissent ce geste d'une dimension politique. Le voilement (avec ses variantes) symbolise la présence et l'extension d'une culture islamiste incluant un droit civil inégalitaire, supposé conforme aux modèles originaires puisés dans des lectures littérales de la Sunna, et imposé à des millions de femmes dans le monde. Loin d'être un « signifiant spécifiquement français », le voile est d'abord le principal *signifiant de la soumission des femmes* et la révolte contre cette soumission n'a pas de raison d'être sacrifiée à une stratégie ou à un combat politique d'il y a soixante ans.

Sortons de ces anachronismes pour insister sur le fait qu'un symbole, religieux ou non, d'une inégalité de droit entre homme et femme est insupportable dans une société comme la nôtre, émancipée du cléricalisme, attachée à l'égalité en droit de tous, sans distinction d'origine, de sexe ou de religion, une société qui a renoncé il n'y a pas si longtemps à toutes les règles du droit civil qui maintenaient l'autorité maritale de l'époux sur son épouse.

Le « voile », pour garder ce terme générique, n'est plus l'enjeu d'une guerre entre colonisateurs et colonisés, il est devenu depuis longtemps l'enjeu de la lutte des organisations islamistes pour étendre leur influence sur le monde musulman. En tant qu'État laïc, la France est mise à rude épreuve par cette entreprise, d'autant que son modèle d'intégration individuelle, par l'école et l'égalité des chances, n'a réussi que partiellement et a suscité bien des frustrations, et que l'islamisme a trouvé certaines oreilles complaisantes qui préfèrent noyer le poisson islamiste dans les eaux de l'« islamophobie » française, quitte à faire passer par pertes et profits la mise sous tutelle des musulmanes.

Je terminerai ces considérations par l'évocation d'une autre stratégie des islamistes pour faire progresser la culture du voilement : le recours à la justice pour défendre la « liberté des femmes » de se voiler.

La « liberté de porter le voile » : un détournement des droits de l'homme

Remontons à l'année 1999. Mme Merve Kavakçi, membre du Parti de la vertu (Fazilet), un parti islamiste, vient d'être élue au Parlement turc. Mais la nouvelle députée a la mauvaise idée, le jour du serment, de se présenter couverte d'un hijab, ce qui constitue à l'époque « une infraction à la loi laïque ». Elle est alors exclue du Parlement à l'initiative des membres du Parti de la gauche démocratique. Le 17 juin 1999, la revue islamiste en ligne *Islam 21* publie sur cette affaire un éditorial dans lequel elle recommande de traiter désormais ce problème non pas dans une perspective religieuse ou politique (comme on s'y attendrait), mais « du point de vue du droit des femmes à choisir » (*the women's right of choice*). Il s'agit dans ce genre d'affaire, précise la revue, de s'appuyer sur « la reconnaissance des libertés individuelles ».

Ce choix stratégique est appliqué par les islamistes, en Europe ou en France, qui se tournent vers la Cour européenne des droits de l'homme (CEDH), le Conseil d'État ou le Défenseur des droits. Non sans succès comme le montre la suite de l'affaire Kavakçi.

En effet, la CEDH a considéré en 2007 que l'expulsion de la députée turque était « une violation des droits de l'homme ». La militante islamiste a pu ainsi parcourir les États-Unis et le monde pour soutenir « les droits des femmes musulmanes », en particulier « le droit de se voiler ». Signe éloquent de l'islamisation de la Turquie : cette porte-parole de l'islamisme a été nommée ambassadrice en Malaisie en 2017 par le président Erdogan.

Le renversement en « liberté individuelle » et en « choix personnel » d'un voilement qui relève d'une obligation religieuse de séparation et de soumission des femmes est hautement paradoxal. Il présente une certaine analogie avec ce que j'appellerai le paradoxe de Martine, chez Molière[1]. En effet, c'est en l'occurrence face à un tiers que la femme se montre solidaire de son mari et soutient son autorité, y compris sur elle-même. Ce paradoxe s'explique principalement par la solidarité des femmes avec leur groupe culturel et leur appropriation du discours politico-religieux qui domine ce groupe et pour lequel l'honneur des hommes repose encore sur le corps des femmes. Les femmes voilées font passer cet honneur mâle avant le leur, et c'est là que se situe réellement leur choix, ou du moins leur consentement.

1. Un paradoxe, car si le voile est le symbole d'une soumission, ce qui ne fait pas de doute, revendiquer la *liberté* de porter le voile, c'est un peu réclamer la *liberté de se soumettre*. Molière y avait pensé en faisant dire à Martine dans *Le Médecin malgré lui* : « Et s'il me plaît d'être battue ? »

La question n'est pas ici celle d'un consentement donné dans ses formes strictement privées, encore que les affects les plus intimes ne sont jamais indépendants des modèles culturels, des coutumes et des lois. En tout cas, la poursuite de l'islamisation de la société en Turquie est un problème qui regarde le peuple turc et au premier chef les femmes de ce pays. La mobilisation des féministes est forte depuis le retrait de la Turquie de la Convention d'Istanbul, et les actions de la Plateforme des femmes pour l'égalité, dont Yelda Koçak est l'avocate, doivent être soutenues par toutes les féministes.

Le prosélytisme islamiste en France pose un problème différent, notamment par son exploitation stratégique des droits de l'homme. Au lieu de prendre pour argent comptant le motif juridique de la défense d'une « liberté individuelle », sachons au moins reconnaître en lui une instrumentalisation des droits humains destinée paradoxalement à promouvoir une inégalité de droit entre « l'homme » et « la femme ». Cette inégalité n'est pas compatible avec le Préambule de la Constitution de 1946 qui garantit l'égalité entre les hommes et les femmes dans une formulation un peu vieillotte : « La loi garantit à la femme, dans tous les domaines, des droits égaux à ceux de l'homme » (article 3)[1].

1. Ce Préambule fait partie du bloc constitutionnel.

Dans notre pays, la reconnaissance de l'égalité juridique entre les hommes et les femmes est une chose beaucoup trop récente et fragile pour qu'on la laisse reculer ou qu'on accepte d'en exclure les musulmanes. Pour imiter le style de la Constitution de 1946, disons que la construction d'un islam en France qui garantirait *aux musulmanes, dans tous les domaines, des droits égaux à ceux des musulmans* est possible. C'est à cela qu'il faut œuvrer, et non pas à la défense inconditionnelle de doctrines patriarcales et sexistes qui menacent les musulmanes habituées, comme c'est le cas en France, à jouir de droits identiques à ceux des hommes.

Les caricatures de Mahomet
La presse et l'école à l'épreuve de la terreur

À côté du voile islamique, la France a été confrontée à l'affaire des « caricatures de Mahomet », un autre phénomène symptomatique de la montée de l'islamisme et de la violence jihadiste, mais infiniment plus tragique par ses conséquences : l'exécution de la rédaction de *Charlie Hebdo* en 2015 et la décapitation du professeur d'histoire Samuel Paty en 2020. Al-Qaïda d'une part, Daech de l'autre s'étaient saisis de cette affaire pour lancer une offensive contre l'« islamophobie française » dont les caricatures apportaient la preuve à leurs yeux. Il est inutile de rappeler dans quel deuil et quelle sidération ces mises à mort ont plongé notre pays, en même temps qu'elles portaient atteinte à deux institutions chères à la République, la presse et l'école. Ces crimes s'inscrivaient dans la logique de la fatwa lancée par l'ayatollah Khomeini contre Salman Rushdie en 1989 et témoignaient eux aussi d'une volonté politique de « réislamiser » les musulmans, y compris au-delà des territoires traditionnels de l'islam, en imposant partout une pratique de l'islam d'un rigorisme provoquant. Au-delà de ses conséquences sanglantes, l'affaire des caricatures a déclenché dans notre pays des débats sur la responsabilité de la presse et sur l'opportunité de montrer les caricatures du Prophète dans les classes.

La liberté de la presse

Dans le sillage de la philosophie des Lumières et des Encyclopédistes, la Déclaration des droits de l'homme et du citoyen de 1789 inscrit, après l'article 10 sur la liberté d'opinion, la liberté de communiquer : « La libre communication des pensées et des opinions est un des droits les plus précieux de l'homme : tout citoyen peut donc parler, écrire, imprimer librement, sauf à répondre de l'abus de cette liberté dans les cas déterminés par la loi » (article 11).

Après de longues périodes de censure politique ou cléricale, du temps de la monarchie comme du Premier et du Second Empire, la Troisième République a promulgué la grande loi sur la liberté de la presse en 1881 en déclarant : « L'imprimerie et la librairie sont libres. »

Cette liberté implique la responsabilité des auteurs, des éditeurs ou des imprimeurs et s'applique à tous les genres de publications et tous modes de reproduction (y compris les dessins, gravures, lithographies et photographies), à l'exception de ceux qui présenteraient « un caractère délictueux », comme les représentations pornographiques. Elle est donc loin d'être absolue. La loi prévoit aussi de sanctionner tout discours rendu public, y compris dans des réunions, qui provoquerait directement des crimes ou des délits (meurtre, pillage, incendie, atteinte à la sûreté de l'État), ainsi que la diffamation et l'injure publique contre des personnes. Mais la loi sur la liberté de la presse a autorisé la publication des pamphlets, des satires et des caricatures, objets de la censure politique sous la monarchie et l'Empire.

Les images en général, objets d'adulation ou de crainte, n'ont jamais semblé inoffensives. Au VIIIe siècle, les chrétiens se déchiraient pour savoir si le culte des icônes, qui jouait un grand rôle chez les païens, était acceptable pour les chrétiens. L'enjeu était considérable, car certains croyaient à la présence réelle du modèle (ou prototype) dans son icône, si bien que, exposés aux graffitis, le saint ou le Christ risquaient d'être eux-mêmes outragés à travers leur image. L'historien de l'art André Grabar a mentionné sur ce point une similitude remarquable entre l'iconoclasme byzantin et celui de l'islam des Omeyyades à la même époque, qui condamnaient l'un et l'autre les images pour leur manque de vie. Les empereurs Léon III et Constantin V ont même fait détruire des icônes du Christ parce qu'elles n'avaient ni respiration ni voix[1].

La caricature est, quant à elle, virulente en elle-même par sa façon de faire de ses personnages des sujets de dérision et de moquerie. Elle rivalise depuis fort longtemps avec la violence verbale des satires et des pamphlets, particulièrement dans les périodes troublées comme les révolutions, les guerres et les guerres de religion.

La genèse de l'affaire des caricatures et la notion de blasphème

En 2006, un tribunal islamique sunnite, situé à Lucknow, au nord de l'Inde, lançait le 20 février une *fatwa* condamnant à mort les 12 auteurs des caricatures du prophète Mahomet publiées quatre mois plus tôt, le 30 septembre 2005, dans le quotidien danois *Jyllands-Posten*. Le nouveau guide suprême de l'Iran, Ali Khamenei, dénonça à son tour la publication des caricatures dans laquelle il voyait une « conspiration sioniste ».

1. André Grabar, « L'interdiction des images et l'art du palais à Byzance et dans l'Islam ancien », *Comptes rendus des séances de l'Académie des inscriptions et belles-lettres*, 101e année, nº 4, 1957, p. 393-401.

On se souvient de la colère déclenchée dans le monde musulman par la publication des « caricatures danoises », suivie par celle de *Charlie Hebdo* en France. Mais on sait moins que cette colère a été fomentée en amont par le Comité européen pour l'honneur du Prophète. Son président, Ahmed Akkari, s'est en effet engagé dans une campagne d'alerte à ce sujet auprès des pays musulmans en ajoutant, pour alourdir le dossier, des dessins qui n'avaient jamais été publiés, dont l'un représentait Mahomet en porc[1]. L'opinion musulmane s'est enflammée et des manifestations relayées par les médias ont eu lieu un peu partout contre *Charlie Hebdo* et contre la France. Le 19 mars, Oussama ben Laden menaçait l'Union européenne de châtiments et désignait la publication des caricatures comme une preuve de la « croisade contre l'islam » menée par l'Occident. De son côté, l'Organisation de la coopération islamique (OCI, qui regroupe 57 pays) réclamait de l'ONU un texte pour condamner la diffamation du Prophète. L'effroyable exécution collective de la rédaction de *Charlie Hebdo* et la mise à mort de Samuel Paty cinq ans plus tard ont donc eu lieu dans le cadre de cette « croisade », c'est-à-dire d'une guerre qui n'a pas

1. Voir Dominique Avon (dir.), *La Caricature au risque des autorités politiques et religieuses*, Rennes, Presses universitaires de Rennes, 2010, p. 187-196, <books.openedition.org>.

cessé, quant à elle, d'utiliser l'image de ses massacres comme instruments de sa propagande. L'assassin de Samuel Paty a accompli son acte barbare selon le rituel précis prôné sur le Net par l'État islamique : décapitation, captation des images du crime et de sa victime, et diffusion des photos ou des vidéos sur les réseaux.

Parmi les réactions à cette tragédie, on vit apparaître l'idée d'un « droit au blasphème » et des appels à montrer à nouveau dans les classes les caricatures incriminées pour enseigner la liberté d'expression. L'écrivain franco-algérien Mohamed Sifaoui soutenait par exemple ces deux idées en même temps : « Il faut montrer les caricatures aux élèves, inclure la liberté d'expression et le droit au blasphème dans les programmes et rendre cet enseignement obligatoire, créer des espaces de débat et d'expression[1]. » La nécessité de montrer les caricatures aux élèves peut être discutée, mais l'idée d'un « droit au blasphème » est irrecevable du simple fait que le blasphème est un concept spécifiquement religieux.

Comme le péché, le blasphème est la transgression d'une loi reconnue comme divine. C'est une offense faite à un dieu, à sa parole ou à sa loi. On sait que Jésus a tout d'abord été accusé de blasphème par le Sanhédrin parce qu'il se prétendait Fils de Dieu, ce

1. *Le Point,* 17 octobre 2020.

qui n'était pas concevable selon le judaïsme. Dans l'histoire des États chrétiens, le blasphème a été souvent cruellement sanctionné, par exemple par le Code pénal de Louis IX (Saint Louis), avec des peines allant de la simple amende jusqu'à la langue coupée.

Or, dans un État laïc comme la France, dont les lois – qu'elles punissent ou qu'elles protègent – sont l'expression d'une décision humaine, il n'y a pas d'interdit divin, mais seulement des délits et des crimes, c'est-à-dire des actes contraires aux lois. Le blasphème n'a donc pas de sens dans notre droit. Accessoirement, qu'il s'agisse de lois divines ou de lois humaines, on peut toujours décider de les transgresser, quitte à s'exposer au feu du ciel, aux foudres de l'Église ou à la sanction pénale de la justice humaine. Mais il serait aberrant, d'un point de vue logique, de réclamer un « droit » à transgresser une loi. Cela étant, la mise à l'écart du divin ne supprime pas toute référence au sacré, c'est-à-dire la reconnaissance d'un interdit absolu qui ne relève pas de la seule rationalité. La violation de sépulture, par exemple, pénalement condamnable, nommée aussi *profanation*, exprime le caractère sacré de la mort et des morts. Cette sacralité en laquelle un rationalisme étroit ne voit qu'un tabou d'un autre âge est en réalité attachée à ce que l'éthique et le droit traduisent par le mot *respect*, c'est-à-dire un affect corrélatif de la dignité intrinsèque reconnue à quelqu'un ou à quelque chose. Dans la reconnaissance de la dignité de la personne humaine et de son corps, nos lois – ce n'est pas le cas partout – les excluent du domaine des biens et des échanges marchands[1]. Mais revenons aux caricatures.

Le sens des caricatures : le genre littéraire et le contexte

Dans l'espace public, une fois écartée toute idée de « droit » au blasphème, il reste à savoir dans quelle mesure la publication des images susceptibles de choquer des personnes croyantes, de les *outrager* au sens juridique du terme, peut ou doit être limitée par la loi sur la presse, quitte à restreindre la liberté d'opinion. Selon l'article 33 de la loi sur la liberté de la presse, l'injure publique est condamnable, notamment lorsqu'elle est commise « envers une personne ou un groupe de personnes à raison de leur origine ou de leur appartenance ou de leur non-appartenance à une ethnie, une nation, une race ou une religion déterminée ».

1. J'ai examiné le cas de la sacralisation du sang dans *Le Tiers-Corps. Réflexions sur le don d'organes*, Paris, Seuil, coll. « La Librairie du XXIe siècle », 2018.

En vertu de cette loi, peu après la publication des caricatures par *Charlie Hebdo*, le directeur du magazine, Philippe Val, a été poursuivi pour « injures publiques » par l'association de la Mosquée de Paris et l'Union des organisations islamiques de France (UOIF), au nom de l'ensemble des musulmans qui se sentaient offensés. La 17e chambre du tribunal de grande instance de Paris, au terme d'une analyse très subtile, n'a pas constaté, en l'espèce, de « volonté délibérée d'offenser directement et gratuitement l'ensemble des musulmans », dans la mesure, a-t-elle dit – je résume seulement les attendus –, où il faut tenir compte, pour analyser le sens et la portée des images concernées, du fait que la caricature est « un genre littéraire délibérément provocant » et « volontairement irrévérencieux », et qu'il participe à la liberté d'expression et de communication des pensées et des opinions. En ce qui concerne l'un des dessins particulièrement litigieux, le tribunal a jugé que le contexte dans lequel il se trouvait, c'est-à-dire le numéro du magazine dans sa totalité, était clairement consacré à la critique ironique des terroristes et non pas des musulmans en général[1].

1. Voir l'article, lui-même très subtil, de Pascale Robert-Diard : « Attendu que *Charlie Hebdo* est un journal satirique… », en ligne sur le blog « Chroniques judiciaires » du *Monde*, 22 mars 2007.

La prise en compte du « genre littéraire » auquel appartient une image ou un texte pour en saisir le sens est cruciale et l'on peut espérer que ce jugement fera jurisprudence pour d'autres genres littéraires, comme la satire, le pamphlet, la parodie, la fiction en général, mais aussi pour tous les écrits qui peuvent jouer sur des différences de style et pratiquer l'ironie. Sans cette prise en compte, on pourrait craindre une réduction de la liberté d'opinion, sachant que les associations, et non pas seulement les personnes, sont aujourd'hui habilitées à porter plainte pour injure envers une personne ou un groupe de personnes à raison de leur origine, de leur appartenance ou non-appartenance à une ethnie, une nation, une race ou une religion, de leur sexe, de leur orientation ou identité sexuelle…

La prise en considération du genre littéraire contribue à distinguer ce qui relève de la volonté d'offenser et de l'injure, et ce qui relève de la liberté d'expression qui, inévitablement, *risque* de choquer tel ou tel groupe de personne. Or il est important, me semble-t-il, que la liberté d'opinion s'exerce sous toutes ses formes – graphique, littéraire, dramatique, radiophonique, cinématographique, etc. –, fût-ce *au risque de blesser*. Car si l'on n'y prend pas garde, à force de craindre d'offenser quelqu'un, ou quelque association militante, on risque de s'installer dans un régime d'autocensure, si ce n'est déjà le cas. La question de l'espace de la publication n'est pas moins décisive. Jamais les dessins n'auraient eu l'impact que l'on sait s'ils étaient restés sur le papier, accessibles à un public restreint.

La poudrière du cyberespace

L'espace public, ou sphère publique, se divise en un ensemble très diversifié de modes de publication et de communication, tributaire des institutions sociales et des techniques de reproduction et de diffusion. Il y a autant de publics que d'espaces publics ou de lieux de publication, parmi lesquels certains sont semi-publics, comme les théâtres, les réunions syndicales et politiques, tandis que d'autres sont des espaces publics au sens large, comme l'espace urbain, les routes, les plages, etc. Les écrits et les imprimés sont publics, mais ils touchent un public de lecteurs qui choisit ce qu'il veut lire. Comme l'a montré Habermas dans son célèbre ouvrage sur *L'Espace public*, les médias de masse comme la radio et la télévision ont contribué à la subversion de l'espace public à travers la propagande politique et la publicité commerciale, qui sont autant de moyens de « manipuler l'opinion » – on pourrait même dire de fabriquer l'opinion publique. Mais une révolution radicale de l'espace public a eu lieu avec les nouvelles technologies, informatique et cybernétique, l'usage social de l'ordinateur dans l'espace professionnel et privé, et la transformation des publics variés d'hier en une foultitude incalculable d'internautes.

Des possibilités d'interconnexions infinies sur le World Wide Web est né un *cyberespace* virtuel dans lequel chaque internaute – autrement dit chaque personne, ou presque – peut seul, face à son écran, recevoir un nombre infini d'informations et entrer en communication avec des millions d'autres personnes. On assiste ainsi à une explosion du public, au profit de la multiplicité dispersée des internautes, et à une pulvérisation de l'idée même de public.

On peut en effet considérer les internautes comme les membres d'un public *dispersé*, comme celui des lecteurs en général, par opposition au public *assemblé*, selon la distinction suggérée par Malesherbes : « Les gens de lettres, écrivait-il, sont au milieu du public dispersé ce qu'étaient les orateurs de Rome et d'Athènes au milieu du public assemblé[1]. » Certes, les internautes *communiquent* entre eux plus que les spectateurs au théâtre : ils ne forment pourtant pas un public particulier au sens que Kant donnait au « public qui lit ». Pour les chercheurs, la disponibilité d'une quantité infinie de documents numérisés, textes et images, est un trésor,

1. C. G. de Lamoignon de Malesherbes, *Mémoires sur la librairie et sur la liberté de la presse* [éd. 1809], réédité par Hachette Livre et la BNF.

mais l'un des effets de cette technique est de déstructurer l'espace public et de subvertir en quelque sorte l'espace privé ou semi-public.

Le cyberespace offre en effet la possibilité permanente de mondialiser toute image et tout discours oral ou écrit (qu'ils fassent l'objet d'un échange privé ou d'une communication semi-publique) à partir du moment où ils peuvent être enregistrés et diffusés sur la Toile. L'usage du smartphone connecté aux réseaux sociaux et aux sites Internet fait que, à moins de pouvoir en contrôler l'enregistrement à la source, toute expression orale ou écrite, toute scène semi-publique, peut aussitôt faire l'objet d'une captation et d'une retransmission au monde entier. C'est ce qui s'est passé, à la faveur d'un changement de médium et avec les conséquences que l'on sait, pour la diffusion mondiale des caricatures de Mahomet, initialement diffusées sur papier pour un public de lecteurs avertis et conscients du caractère satirique du magazine.

Le dessinateur Plantu a décrit exactement les risques de cette extension illimitée du public : « Internet et les réseaux sociaux sont une poudrière. On croyait dessiner pour un public qui connaît et accepte les codes de la caricature. On s'aperçoit qu'on dessine pour la terre entière, y compris des gens qui ignorent l'esprit de dérision[1]. » Face à ce constat, le dessinateur en appelait à la fois à la « responsabilité » et au « dialogue » pour tenter de déminer les colères, mais « sans rien céder sur la liberté de penser et de publier ». C'est bien dit, mais l'on voit qu'aucune règle éthique ne peut remplacer *in fine* la responsabilité et la décision personnelle et circonstancielle de chacun, qu'il dessine ou qu'il écrive.

La conscience de cette responsabilité morale et politique est loin d'être partagée par tout le monde. Le jour même de l'hommage officiel rendu à Samuel Paty, le 20 octobre 2020, je ne sais plus quel élu local a eu l'idée de projeter sur la façade de bâtiments publics les photos des caricatures de Mahomet. Cette idée regrettable et grossière niait toute distinction entre la destination initiale des caricatures, à savoir un public particulier amateur de dérision et de satire, et l'exhibition de ces dessins sur la place publique dans un format monumental. En l'occurrence, cette exposition ne pouvait exprimer qu'un mépris officiel pour les musulmans en général.

La dimension tragique de l'affaire des caricatures repose ainsi à la fois sur une manipulation de la part des islamistes eux-mêmes et sur le pouvoir exorbitant des télécommunications qui mondialisent d'un seul

1. Entretien de Plantu avec Annick Cojean paru dans *Le Monde* du 1er avril 2021.

coup des propos ou des images tirés de leur contexte éditorial.

En conclusion, je dirai que les caricatures du Prophète, comme celles publiées par *Charlie Hebdo*, qui comportent aussi des figures symboliques du judaïsme ou du christianisme, ne sont pas destinées à être affichées n'importe où et aux yeux de tous. Mais qu'en est-il de l'espace scolaire ?

Les caricatures à l'école

En France, avant 1932, on disait encore « Instruction publique » et non pas « Éducation nationale ». La différence entre les deux n'était pas nouvelle puisqu'elle avait été soutenue en 1792 par Rabaut Saint-Étienne, un protestant converti à la Révolution, dans un *Projet d'éducation nationale* : « L'instruction publique éclaire et exerce l'esprit, l'éducation nationale doit former le cœur. » Au moment où sombre en France la monarchie de droit divin, il semble nécessaire à l'auteur du projet de faire naître, par l'éducation, un « peuple nouveau » et « régénéré », attaché affectivement à la Révolution. Avec l'éducation, Rabaut souhaite substituer aux liens affectifs du peuple avec l'Ancien Régime et l'Église catholique un attachement nouveau aux principes proclamés par la Révolution.

La République s'est montrée plus fidèle à Condorcet qu'à Rabaut Saint-Étienne, mais elle ne s'en est pas moins préoccupée de concilier l'instruction des citoyens avec leur attachement aux institutions et aux principes républicains. La nécessité d'élaborer une morale républicaine n'a pas disparu et sera à nouveau avancée par Émile Durkheim, conscient du besoin de remplacer, dans les sociétés modernes, la morale religieuse par une morale commune et laïque. Aujourd'hui, le Code de l'éducation rappelle que, « sans se substituer aux familles », l'éducation a pour tâche « de transmettre aux jeunes les valeurs fondamentales et les principes inscrits dans la Constitution de notre pays ». L'école doit « préparer l'élève à devenir citoyen » en lui enseignant notamment « les principes qui garantissent la liberté de tous, comme *la liberté de conscience et d'expression*, la tolérance réciproque, l'égalité, notamment entre les hommes et les femmes, le refus des discriminations, l'affirmation de la capacité à juger et agir par soi-même[1] ».

La mission de l'école va ainsi au-delà de l'impératif premier de l'instruction et enveloppe l'instruction *civique* au sens large, incluant l'éducation au civisme et la liberté de penser par soi-même telle que la définissait Emmanuel Kant, c'est-à-dire de penser en usant de sa

1. Code de l'éducation, article D 122-1, Annexe.

propre raison, sans subir la tutelle d'une autorité étatique, religieuse ou intellectuelle et sans céder à aucune intimidation. Cette liberté demande à la fois une « fastidieuse besogne », un certain courage et la possibilité de se confronter, par la lecture, aux idées des autres.

Le professeur d'histoire Samuel Paty a payé de sa vie l'usage de certaines « caricatures de Mahomet » pour illustrer dans un de ses cours le thème de la liberté de la presse et de la liberté d'opinion. Incarnant en même temps l'école laïque et la liberté de penser, il est mort martyr d'un fanatisme barbare. On ne pourra plus transmettre aux jeunes élèves le respect de ces précieuses libertés sans penser à lui et aux journalistes et dessinateurs de *Charlie Hebdo* (Cabu, Charb, Tignous, Wolinski...). Il est alors presque impossible d'oser reposer la question de l'opportunité d'utiliser ces images comme matériel pédagogique : ne serait-ce pas trahir sa mémoire ? Ne serait-ce pas abdiquer devant la terreur ? Je ne pense pas qu'on doive poser la question de cette façon. Tant que Daech ou d'autres organisations jihadistes accuseront la France de mener une « croisade contre l'islam », personne ne sera à l'abri de leur violence. Si l'on cédait sur les caricatures, le jihad contre la France trouverait sans doute d'autres motifs, d'autres occasions de frapper, et d'autres victimes. Néanmoins, la question de l'usage des caricatures à l'école doit pouvoir se poser librement et de façon générale en pensant à la diversité religieuse et politique des élèves. La mission de l'école est de cultiver la liberté de penser sans forcément entrer frontalement dans les conflits les plus clivants de l'actualité, même si le choix des documents pédagogiques relève en dernière instance de la responsabilité de l'enseignant.

À cet égard, les programmes consacrés à la laïcité, à la transmission des principes de la République, à la liberté de penser et à la liberté de la presse comportent à juste titre une réflexion sur les images, puisqu'elles sont une façon d'exprimer la pensée à travers des formes sensibles. Tout cela conduit à un travail pédagogique transversal aux différentes disciplines, comme le prévoient les programmes, et passe par l'histoire littéraire, artistique, politique et religieuse, comme par la philosophie morale et politique.

Or, si l'enseignement de la laïcité doit lui-même être laïc, il implique la neutralité de l'enseignement et de l'enseignant en matière de religion et de politique, et donc une prise de distance à l'égard de l'actualité brûlante. Donner aux élèves l'occasion d'exprimer leurs émotions et leurs sentiments face à la réalité du monde dans lequel ils vivent est un point de départ important pour apprendre à écouter et respecter la parole des autres, à condition de conduire à une mise en perspective des événements et des passions du moment. À cette fin, la médiation de l'histoire permet à la fois de se distancier par rapport à l'actualité et de fournir des objets à l'analyse et à l'interprétation de certains faits.

En ce qui concerne la caricature comme genre, comme mode d'expression artistique et populaire, et comme critique souvent virulente des pouvoirs de toute nature, on ne manque pas d'exemples empruntés au passé. Dans sa « Brève histoire de la caricature des figures majeures du christianisme », François Bœspflug souligne que, comme représentations outrées et grotesques, parfois obscènes, les caricatures tournent souvent en dérision les autorités religieuses contestées mais s'attaquent rarement aux figures divines elles-mêmes[1]. C'est ainsi que la moquerie à l'égard du clergé catholique a été portée à son comble par les protestants, au XVIe siècle, à la faveur des nouvelles techniques de gravure permettant une large diffusion des images. Dans le domaine politique, les caricatures ont figuré symboliquement le ridicule, la dangerosité ou la déchéance des puissants : c'est l'image du roi Henri IV en sanglier, de Louis XVI en pourceau, de Napoléon en vipère, au milieu de champs de bataille jonchés de cadavres, ou de Napoléon III en vautour. Les images humiliantes d'Henri III précédèrent de peu son assassinat. À ces caricatures des puissants s'ajoutent celles des classes

1. François Bœspflug, « Brève histoire de la caricature des figures majeures du christianisme », *Théologiques*, vol. 17, n° 2, 2009, p. 85-110.

dominantes, sans parler des redoutables images des propagandes idéologiques et politiques modernes, en particulier en période de guerre.

Les caricatures de *Charlie Hebdo* n'ont pas cette violence. Mais faut-il pour autant les montrer à une classe, c'est-à-dire à un groupe d'élèves dont on ignore les croyances religieuses ? Là encore, c'est au professeur d'en décider. Mais, s'il le fait, au risque de heurter certains élèves dans leur foi ou leur pudeur, devra-t-il les prévenir, et dans ce cas diviser la classe en fonction des confessions des uns et des autres ? Je crois pour ma part qu'il est inutile de prendre ce risque.

En revanche, pour contribuer à l'apprentissage de la liberté de penser et au respect de la diversité des croyances, il faut enseigner la différence entre croire et savoir, transmettre une véritable connaissance du fait religieux, de son histoire, de son rapport avec les civilisations, et bien sûr faire respecter la laïcité dans le cadre scolaire. L'école est le lieu de la transmission des savoirs et de l'apprentissage de la pensée, ce n'est pas le lieu d'un combat.

Dans les faits, la mission de l'école républicaine et la possibilité de faire coexister des jeunes de religions différentes dans une même classe, dans une même école, dans une même société, sont aujourd'hui particulièrement difficiles. On sait qu'elle est, non pas toujours mais trop souvent, compromise par le prosélytisme islamiste qui conteste le principe même de la laïcité. L'idée de remplacer la laïcité républicaine par une « laïcité inclusive », voire d'instaurer une société « multiculturelle », fait son chemin. Si la France devait évoluer dans ce sens, le modèle républicain d'une nation commune, ouverte à tous, mais unie par ses institutions, ses principes éthiques et juridiques communs, serait perdue, et avec elle celle d'une éducation nationale.

La nation comme incarnation partielle de l'humanité

À l'issue de ce parcours, il me faut revenir à l'une de mes questions initiales : *Qui sommes-nous ?* Parmi la multitude des associations ou sociétés humaines qui peuvent constituer un « nous », avec les formes de solidarité qu'il engendre, je crois avec Durkheim que la plus importante de toutes est la *société politique* – « c'est-à-dire la patrie[1] ». Les Grecs disaient « la cité ». Mais si la morale civique est placée très haut par le sociologue, le républicain en lui n'opposait pas la société politique à l'idée de l'humanité dans son universalité. La patrie, pour Durkheim, c'est une « incarnation partielle de l'idée d'humanité ». En m'efforçant de marcher dans ses pas, je parlerai donc de *nous* comme citoyens d'une France républicaine, avec ses

1. Émile Durkheim, *L'Éducation morale*, Paris, PUF, coll. « Quadrige », 2012, 6e leçon. Cette leçon a été donnée dans le cadre du cours professé à la Sorbonne par Durkheim en 1902-1903.

institutions singulières, qui accepte de n'être que l'expression *partielle* d'une humanité plus large dont elle reconnaît la dignité en chaque individu.

Il conviendrait alors d'assumer la particularité historique et politique de la France en reconnaissant son incomplétude par rapport à l'idée d'humanité universelle et en donnant à cet universel le sens d'une multiplicité concrète. L'universel inclut la diversité des nations, des religions et des civilisations. Aucune d'entre elles ne peut s'approprier l'universel, ce qui compromet toute visée universaliste hégémonique ou dominatrice, mais permet la rencontre des autres et la recherche aussi pacifique que possible des formes de solidarité entre nous – en tant que simples mortels, habitants d'une Terre commune aujourd'hui gravement menacée.

Nous sommes dans cet entre-deux – le particulier et l'universel – singulièrement depuis la Révolution, avec la Déclaration des droits de l'homme et l'institution de la République. La Déclaration des droits de l'homme et du citoyen donnait en effet à la République une vocation universaliste, mais en quel sens ? L'idée d'une France *universaliste* ne va pas sans paradoxes.

Les paradoxes de l'universalisme français

La France est universaliste par ses principes fondateurs, énoncés dans la Déclaration des droits de l'homme et du citoyen, des droits reconnus à l'être humain en tant que tel et *a priori* applicables à tous. Pourtant, en sacralisant en même temps l'Humanité et la Nation, les droits de l'être humain et ceux du citoyen, la Révolution créait un écart entre les droits de l'homme, universalisables par-delà les nations, et les droits du citoyen, nécessairement inscrits et applicables dans le cadre d'une cité ou d'une république concrète, c'est-à-dire particulière. Cet écart reste une source de tension.

Par exemple, depuis la Déclaration universelle des droits de l'homme en 1948, à partir du moment où les « droits humains » ont été reconnus par un grand nombre d'États et garantis par des juridictions internationales, des conflits entre les législations nationales et les jugements prononcés par ces juridictions au nom des droits de l'homme sont toujours possibles. Ces conflits ne tiennent pas seulement au fait que certains pays signataires ne respectent pas les droits de l'homme dans leur législation, ils peuvent résulter aussi d'une instrumentalisation de ces droits et des tribunaux internationaux à des fins particulières.

Dans les domaines du droit du travail ou de la bioéthique, la France est plus protectrice et respectueuse de la personne humaine que beaucoup d'autres pays. Ses lois, plus qu'ailleurs, imposent des limites à certains intérêts particuliers pour empêcher l'installation d'une *société de marché*. C'est pourquoi des entreprises, des associations ou des personnes privées se tournent vers des juridictions internationales pour défendre leur *intérêt particulier* contre les lois nationales… au nom des « droits de l'homme ». Certaines juridictions comme la Cour européenne des droits de l'homme (CEDH) font l'objet d'une intense activité de la part de lobbies de toutes sortes, dont beaucoup représentent des intérêts industriels et commerciaux, mais peuvent aussi, on l'a vu, défendre des revendications religieuses contre la laïcité en France.

L'histoire de la pensée universaliste témoigne d'un autre paradoxe qui a fait basculer le modèle révolutionnaire français dans un rêve d'expansion universaliste impérialiste. Il s'agissait ainsi de faire disparaître les frontières, au nom des droits de l'homme, ou d'étendre à toutes les nations les institutions républicaines, quitte à les imposer par les armes.

À l'époque de la Révolution, l'idéal de fraternité hérité de l'idée chrétienne de fraternité universelle, et donc de l'universalisme de saint Paul, inspire à certains révolutionnaires l'espoir d'abolir les nations pour former une communauté humaine universelle, en commençant par l'Europe. Citons certains exemples de cet idéal universaliste apparenté à un messianisme national.

Révolté par le morcellement du monde et la division des hommes en peuples différents, Jean-Baptiste von Cloots, « baron en Allemagne et citoyen en France », « orateur du genre humain » comme l'appelle Michelet, prônait une disparition des frontières qui laisserait place à une *communauté* unique dans laquelle régnerait la fraternité universelle et où il n'y aurait plus ni « étrangers » ni « immigrés ». Il suffisait pour cela que *tous les peuples* se rallient au modèle révolutionnaire français. Cloots énonce ainsi ce précepte étonnant : « N'ayons plus de voisins si nous ne voulons plus avoir d'ennemis. » La délégation des révolutionnaires d'Avignon en 1790, devant l'Assemblée nationale, déclarait dans le même sens : « Le peuple français donnera des lois à l'univers entier, et toutes les nations viendront se réunir à lui, pour ne plus faire de tous les hommes que des amis et des frères[1]. »

Dans son livre *Paris*, écrit à l'occasion de l'Exposition universelle de 1867, Victor Hugo exprimait quant à lui l'espoir de voir *s'étendre* le modèle de la République française à l'Europe et au monde, afin de

1. Cité par Pascal Ory dans *Qu'est-ce qu'une nation ? Une histoire mondiale*, Paris, Gallimard, 2020, p. 24.

réaliser une « République universelle » – avec Paris comme capitale – mais dans laquelle la France disparaîtra : « Ô France, adieu ! Tu es trop grande pour n'être qu'une patrie. [...] Encore un peu de temps et tu t'évanouiras dans la transfiguration. [...] Adieu, Peuple ! Salut, Homme ! Subis ton élargissement fatal et sublime, ô ma patrie... »

La Troisième République, assurée de sa valeur universelle, a voulu donner un semblant de justification à l'entreprise colonialiste en l'inscrivant dans le cadre d'une « mission civilisatrice » supposée apporter aux peuples conquis la raison, le progrès, et même la liberté... Il est choquant de voir Jules Ferry mettre les conquêtes coloniales les plus brutales au compte de « l'esprit des Lumières » et d'une « nouvelle croisade civilisatrice[1] », alors que la domination coloniale était à l'évidence contraire aux principes républicains de liberté, d'égalité et de fraternité. Pour autant, l'expansion coloniale n'était pas, en elle-même, spécifiquement républicaine. Elle avait commencé avec Richelieu et Colbert pour répondre à des intérêts essentiellement commerciaux, avant d'être reprise par la monarchie de Juillet et le Second Empire. Et la République a suivi, *en dépit*, et non en raison, des principes républicains.

1. Discours de Jules Ferry du 28 juillet 1885 à la Chambre des députés.

La colonisation témoigne avant tout d'une préséance de la *rationalité économique* gouvernée par l'intérêt financier d'investisseurs sans scrupules, publics ou privés, sur les principes du droit. La politique coloniale de la République transgressait de façon insolente les principes républicains qu'elle prétendait promouvoir.

Georges Clemenceau s'indignait à juste titre que Jules Ferry osât parler de « races inférieures » dans la « patrie des droits de l'homme », mais il ne fut pas lui-même exempt de tout messianisme national. Au cours du débat qui l'oppose à Ferry, Clemenceau fait l'éloge du « génie de la race française » qui a « généralisé la théorie du droit et de la justice[1] ». Ce républicain et dreyfusard sembla croire à une mission universelle de la nation française, au point de l'invoquer plus tard, assez mal à propos, lorsqu'il appela la nation à la « guerre intégrale », en 1917, en affirmant que la France avait mis sa force « au service de la conscience humaine ». Le 11 novembre 1918, après des combats terriblement meurtriers et inhumains dont les autorités militaires et politiques auraient pu avoir honte, le

1. Débats parlementaires du 28 au 30 juillet 1885. Le mot *race* était alors très souvent synonyme de « nation ». Par exemple, dans une lettre datée du 14 décembre 1887, Émile Zola emploie le mot *race* pour exprimer à August Strindberg la différence entre leurs deux façons de concevoir les personnages de théâtre : « Mais il y a certainement là, entre vous et moi, une question de race. »

style de Clemenceau devient messianique. Au Palais-Bourbon, rendant hommage aux combattants français, il déclare : « Grâce à eux, la France, hier soldat de Dieu, aujourd'hui soldat de l'humanité, sera toujours le soldat de l'idéal. » Propos de circonstance, sans doute, mais qui témoignent d'une appropriation abusive de l'universel par une nation.

En réaction à la barbarie de la Première Guerre mondiale et au fanatisme nationaliste, Julien Benda publiait *La Trahison des clercs* en 1927 et le *Discours à la nation européenne* en 1933[1]. Ces textes animés d'une belle passion pour la raison font pourtant fausse route en identifiant à tort le fait national au *nationalisme* égoïste, orgueilleux, belliqueux, et en lui opposant l'idée d'une Europe supranationale, réalisable grâce à un *élargissement* de la nation. Pour Benda comme pour le Hugo de 1867, l'esprit français avait vocation à s'étendre en dépassant sa source nationale. Le paradoxe de cet élargissement, inspiré par l'universalisme spirituel de saint Paul, c'est qu'il conduit à étendre à toutes les nations européennes une culture commune, dont les caractères dominants seraient finalement empruntés à certaines d'entre elles, et avant tout à la France. C'est ainsi que Benda évoque la nécessité

1. Julien Benda, *Discours à la nation européenne*, Paris, Gallimard, coll. « Idées », 1979, p. 75.

pour tous les Européens d'adopter une langue commune « super-nationale » (*sic*). Mais laquelle ? Elle est toute trouvée ! Ce sera le français, bien sûr, parce que cette langue est « éminemment rationnelle ». L'adjectif « super-national », à lui seul, illustre le paradoxe qu'on retrouve en général chez les contempteurs de la nation.

La passion de Benda pour la disparition des nations le fait rêver, paradoxalement, d'une super-nation, proche de l'idée d'empire, au point qu'il songe avec nostalgie à l'*unité spirituelle* de cette Europe issue du Moyen Âge, dans laquelle se confondaient l'Empire romain et la chrétienté, et même à l'unification européenne par la Grande Armée du « successeur de Charlemagne », Napoléon, pour lequel Benda avoue éprouver une grande admiration. Parmi les admirateurs inconditionnels de l'Empereur, certains considèrent que les conquêtes napoléoniennes ont fait progresser en Europe les principes de la Révolution. C'est l'inverse qui s'est produit : ces guerres de conquête ont anéanti l'enthousiasme initial de nos voisins pour les idées révolutionnaires, en particulier celui de Fichte. Elles ont fait naître un farouche nationalisme allemand, pour longtemps ennemi de la France et de son « universalisme » conquérant. La leçon de l'histoire, c'est qu'on ne fabrique pas « des amis et des frères » les armes à la main, en prétendant « donner des lois à l'univers entier ». La revanche des peuples face à l'invasion impérialiste napoléonienne a consisté à se réapproprier le principe de la souveraineté nationale, mais aussi, malheureusement, à renier les Lumières parce que la France s'en réclamait.

Les paradoxes de l'universalisme français sont une conséquence lointaine des métamorphoses de l'universalisme chrétien et *spirituel* exprimé par saint Paul dans son Épître aux Galates. En effet, le dépassement de toutes les nations dans une même communauté universelle passait par leur conversion à la foi chrétienne. Cette communauté spirituelle n'était pas terrestre mais « en exil sur cette terre ». Par la suite, le christianisme s'est étendu et universalisé, non seulement sur le fondement de son caractère spirituel, mais surtout, après le « tournant constantinien », en raison de sa métamorphose en religion d'État. L'Église s'est alors territorialisée, unie à la « cité terrestre », à savoir l'Empire romain d'Orient. D'un côté, la conversion de « César » a effectué une politisation du christianisme en donnant aux chrétiens une patrie terrestre, et donc territoriale, et de l'autre, l'Église a conforté son propre pouvoir institutionnel en construisant avec César un régime théologico-politique loin de l'enseignement de Jésus. Sans ce virage politique et théologique radical, la vocation universaliste de l'Église ne se serait pas confondue avec l'universalisme impérial et donc avec l'ambition des empereurs romains de régner sur le monde (*imperium mundi*). Cette histoire éclaire le fait que l'universalisme du *Discours à la nation européenne* de Julien Benda s'apparente encore à une conception à la fois chrétienne, néoplatonicienne et désincarnée de l'humanité : « Plotin rougissait d'avoir un corps. Vous devez être ceux qui rougissent d'avoir une nation[1]. »

Mais les communautés humaines ne sont ni purement spirituelles, ni purement rationnelles. Elles ne sont pas davantage désincarnées ou déterritorialisées. Une communauté humaine universelle délestée de ses aventures singulières et privée de limites territoriales est aussi impossible à penser qu'une âme détachée de son corps. La relation entre universalisme et impérialisme laisse penser que les universalismes arrivent ou arriveront à épuisement – y compris l'universalisme économique néolibéral ou « l'idée communiste d'un universalisme vrai » telle que la défend encore Alain Badiou.

Maintenant, si en tant que société politique et incarnation *partielle* de l'humanité nous devons assumer notre incomplétude et respecter la diversité des nations, devrons-nous pour autant renoncer à l'identité historique et culturelle de la France ? C'est la question que

1. *Ibid.*

soulève l'idée de multiculturalisme telle que la définit Jürgen Habermas.

La dissolution de l'identité nationale chez Jürgen Habermas

À beaucoup d'égards, la théorie politique de Jürgen Habermas s'apparente à un universalisme utopique et désincarné, mais elle opère en outre une sorte d'évidement de la nation comme entité historique en lui déniant sa particularité culturelle.

En effet, le philosophe allemand a consacré une partie de son œuvre à procéder à ce que j'appellerai une *double dissolution* théorique de l'État-nation : dissolution externe, par expansion et dépassement du national vers une constellation postnationale (par exemple vers un fédéralisme européen et finalement un État cosmopolitique « à l'échelle mondiale »)[1] ; dissolution interne de l'identité nationale, autre que politique, remplacée par une société multiculturaliste. Cette société en quelque sorte anonyme culturellement permettrait d'inclure dans un même État des

1. Jürgen Habermas, *Après l'État-nation. Une nouvelle constellation politique*, trad. de l'allemand par Rainer Rochlitz, Paris, Fayard, 2000 (Francfort, Suhrkamp Verlag, 1998, et 1999 pour le chapitre III).

cultures différentes, propres aux populations immigrées[1].

Habermas aborde la question de l'« intégration » des populations immigrées dans les États européens dans un ouvrage publié en français sous le titre *L'Intégration républicaine* (*Die Einbeziehung des Anderen*). Même si le mot *Einbeziehung* peut se traduire par « intégration » et par « inclusion », le choix du premier terme risque d'égarer le lecteur français. En effet, l'ouvrage récuse tout autant l'idée d'« assimilation », qui implique un effacement complet de la culture d'origine, que celle d'« intégration » au sens français du terme, qui comporte au moins, au-delà du respect des lois, l'adoption d'une sociabilité passant par la pratique de la langue et le respect des mœurs et des principaux modes de vie du pays d'accueil. Ces modes de vie relèvent rarement des lois et sont impossibles à répertorier *a priori*. Ils apparaissent surtout lorsqu'ils font l'objet d'un rejet : j'ai évoqué le cas typique du fait, pour un homme, de s'interdire de serrer la main d'une femme pour un motif religieux. Cet interdit relève à l'évidence d'une culture et, selon l'approche habermassienne, il n'y a pas de raison que cet homme, vivant dans un pays

1. Voir notamment Jürgen Habermas, *L'Intégration républicaine. Essais de théorie politique*, trad. de l'allemand par Rainer Rochlitz, Paris, Pluriel, 2014. Titre original : *Die Einbeziehung des Anderen* (1998).

européen, renonce à sa propre culture. Le philosophe propose ainsi d'abandonner l'idée d'intégration des immigrés à la culture de leur pays d'accueil, pour lui substituer l'idée d'une « inclusion de l'Autre » en tant qu'autre, en tant qu'étranger, c'est-à-dire *dans son altérité* (*Andersartigkeit*). Les nouveaux venus doivent être intégrés comme citoyens au sein de la communauté politique du pays d'accueil, et non pas entrer dans une nation définie par des critères culturels, ethniques, religieux ou autres.

L'idée de culture nationale *commune*, ou même de culture nationale *majoritaire*, devrait être abandonnée pour laisser place à celle de société multiculturelle (*multikulturelle Gesellschaft*) incluant différents « modes de vie ». Les seules valeurs nécessairement communes à tous dans une république, selon Habermas, sont celles que traduisent les principes constitutionnels. Par conséquent, seule l'intégration politique des étrangers est nécessaire : elle est même due aux populations immigrées au nom d'un « droit à l'immigration », à propos duquel le philosophe ne voit pas quels critères pourraient être retenus pour motiver une quelconque politique restrictive du droit d'asile ou de l'accès à la citoyenneté. Je résumerai cette perspective multiculturaliste en disant que la question de l'« intégration » des étrangers à une nation est résolue par la *désintégration* de la nation.

Sur le papier, l'idée de « citoyenneté multiculturelle » pourrait sembler acceptable, à condition de donner aux spécificités dites « culturelles » un sens restreint, touchant par exemple au domaine des arts, de la musique, des arts plastiques ou de la littérature. En effet, la rencontre des cultures en ce sens est toujours féconde et elle n'a jamais cessé de nourrir les cultures européennes. Mais il serait naïf de penser que les faits de culture ne sont que des formes d'expression variables et superficielles, indépendantes de modes de pensée fondamentaux, comme les représentations du monde et de la nature, la pensée de l'homme, la croyance en un dieu ou des dieux. Cette naïveté résulte d'une réduction de « la » religion à une « opinion », réduction déjà présente chez les Encyclopédistes, et à la mise entre parenthèses de tout ce que les historiens appelaient les « mentalités ». Une autre illusion consiste à croire que toute « forme de vie », liée à telle religion ou telle culture, serait forcément compatible avec la communauté politique d'accueil.

La communauté politique que Habermas qualifie de républicaine se définit par une constitution et un ensemble d'institutions qui encadrent un système juridique particulier. Mais qui peut penser raisonnablement que les institutions politiques sont de pures constructions rationnelles faites pour gouverner un peuple indéterminé et interchangeable avec n'importe quel autre ? Ni Montesquieu qui, dans l'*Esprit des lois*, reconnaît à chaque nation un « esprit général » et déconseille au législateur de vouloir le changer par des lois politiques[1]. Ni Rousseau qui, dans *Émile ou De l'éducation*, distingue la *raison*, commune à tous les hommes, de l'*esprit*, qui, en chaque langue, a sa forme particulière. Ni Durkheim et Mauss qui, dans une *Note sur la notion de civilisation* en 1913, expliquent que certains phénomènes sociaux, contrairement à d'autres, ne peuvent s'exporter au-delà des frontières régionales nationales, par exemple « les institutions politiques et juridiques » qui font toutes partie de « la constitution propre de chaque peuple[2] ».

La question du multiculturalisme se complique en réalité considérablement lorsqu'une culture religieuse inclut en elle-même non seulement le respect de certaines mœurs, mais aussi le respect impératif d'un droit spécifique, comme c'est le cas du droit familial musulman lorsqu'il est appliqué comme une règle stricte et intangible.

1. Montesquieu, *De l'esprit des lois*, livre XXIX, chap. 13.

2. Marcel Mauss et Émile Durkheim, « Note sur la notion de civilisation », *L'Année sociologique*, vol. 12, 1913, p. 46-50 ; texte reproduit in Marcel Mauss, *Œuvres*, t. II : *Représentations collectives et diversité des civilisations*, Paris, Minuit, 1969, p. 451-455. Dans ce contexte socio-anthropologique, un peuple peut désigner tantôt des nations politiquement organisées, tantôt une population organisée en tribus sans institutions politiques (comme la population eskimo étudiée par Mauss).

Appliquer ce droit dans un pays européen, comme le revendiquent les mouvances islamistes, c'est appliquer le statut personnel aux musulmans et aux musulmanes dans toute la rigueur de la charia. La question est alors de savoir si la société multiculturelle peut aller jusqu'à instaurer un pluralisme juridique. Certes, le droit n'est pas monolithique : la pluralité des différentes juridictions et des sources du droit (notamment des droits nationaux et internationaux), ou la prise en compte de certains droits coutumiers, font qu'il existe une sorte de pluralisme juridique. Mais de façon générale les droits applicables aux Français ne peuvent contredire les lois ou la constitution. C'est pourquoi, j'y insiste, à partir du moment où « la loi garantit à la femme, dans tous les domaines, des droits égaux à ceux de l'homme », il n'est pas possible d'appliquer dans la société un droit civil contradictoire avec ce principe, par exemple : la polygamie, la mise sous tutelle de la femme par son époux, à quoi j'ajouterai les formes de discrimination sexuelle.

Pourquoi Habermas ne pose-t-il pas la question de ces possibles contradictions ? Serait-ce qu'il ne s'intéresse pas assez à l'égalité entre les hommes et les femmes ? Je crois plutôt que, hanté par le spectre du nationalisme allemand, il veut à tout prix conjurer le risque d'une réapparition de l'idée de *Volk*, telle que l'idéologie nazie l'avait chargée d'un sens racial, national et culturel. L'idée de société multiculturelle serait alors avancée pour être substituée à toute idée déterminée de la nation, qu'elle soit ethnique, religieuse ou culturelle. La théorie d'Habermas implique en tout cas de ne laisser à la nation qu'un sens strictement politique, la communauté de citoyens disposant des droits civiques, et d'en exclure toute idée de culture.

« L'inclusion de l'autre » en tant qu'autre, avec sa culture, établit ainsi une asymétrie surprenante entre l'étranger, venu d'ailleurs *avec sa culture* – ce qui laisse penser qu'il en a une –, et la société qui l'accueille, qui devrait quant à elle se trouver dépourvue de toute culture propre. La société d'accueil serait le simple réceptacle politique et neutre d'un patchwork de communautés culturelles différentes. Comment l'imaginer ? Faut-il vouloir que les nations anciennes comme l'Allemagne ou la France se vident de tout héritage historique particulier pour ne laisser subsister qu'une coquille politique et institutionnelle, foyer commun d'une société multiculturelle destinée de toute façon à se dépasser finalement vers une « constellation postnationale » ? Cette idée est effrayante, car elle revient à demander aux vieilles nations que nous sommes de faire table rase de leur passé, y compris en brûlant leur héritage culturel et civilisationnel – la *Kultur* est l'un et l'autre.

Je crois plutôt qu'il est impossible de déchirer ce qui lie la communauté politique à la communauté culturelle, c'est-à-dire la nation *historique*. En France, cette nation n'est ni ethnique ni religieuse. Elle ne suppose pas quelque homogénéité substantielle issue d'une origine commune. Mais elle n'est pas non plus simplement « construite » ou fondée rationnellement : elle est formée par l'histoire.

Si l'immigration a été longtemps pensée en France en termes d'intégration, voire d'assimilation, c'est que ce pays est une entité à la fois politique et culturelle, avec sa langue, son histoire, son droit, ses mœurs, ses coutumes, ses arts, etc., tout cela étant bien entendu l'effet mouvant d'une genèse historique incluant des apports étrangers. Cette nation faisait partie de la vielle Europe, ensemble de nations singulières et pourtant proches géographiquement et culturellement, formant ce qu'on a appelé une « civilisation européenne ».

*

Il m'est personnellement difficile de comprendre qu'on puisse se vouloir européen et passionnément favorable à l'Union européenne sans attacher d'importance particulière à l'héritage culturel de l'Europe. Le primat du politique dans la formation des nations et des cultures n'empêche pas que la littérature, les arts, l'histoire, les sciences, la philosophie, les mœurs elles-mêmes contribuent à former la conscience et la pensée politiques, et donc à élaborer les constitutions et les lois. Il n'est plus temps d'entamer ici une réflexion sur le *Nous* civilisationnel au-delà des sociétés politiques et culturelles nationales. Je m'en tiendrai, pour finir, à une courte remarque sur la culture européenne.

Lorsqu'on pense à l'Europe en tant que civilisation, c'est *le monde d'hier* qui vient tout d'abord à l'esprit, le monde de l'Européen Zweig, un monde qui n'était ni unifié ni homogène, mais où les poètes, les écrivains, les penseurs, les artistes se connaissaient, se traduisaient les uns les autres et voyageaient sans cesse d'un pays à l'autre. Au cours du XXe siècle, cette Europe a connu des désastres qui l'ont fait douter d'elle-même. La Première Guerre mondiale, avec ses *orages d'acier* et ses corps mutilés comme jamais on n'en avait vu, déclencha une crise profonde de la conscience européenne. Comme Freud, Zweig, D.H. Lawrence, Giono et beaucoup d'autres, Paul Valéry pensa que l'esprit européen était atteint : « Il y a l'illusion perdue d'une culture européenne et la démonstration de l'impuissance de la connaissance à sauver quoi que ce soit[1]. »

Contre la barbarie du Troisième Reich, les « Américains » ont été des alliés indispensables. Avec leur

1. Paul Valéry, « La crise de l'esprit », *La Nouvelle Revue française*, 1919.

aide, l'Europe s'est relevée. L'Amérique forme-t-elle pour autant avec l'Europe cette civilisation dite « occidentale » ?

Il n'est pas indifférent de se souvenir que Zweig, fuyant l'Europe écrasée par un État littéralement décivilisé, n'ait pu survivre ni aux États-Unis ni au Brésil en dépit de l'accueil offert aux réfugiés de la Seconde Guerre mondiale par ces pays. L'Occident est un concept géopolitique, cher aux Américains, qui a pris le relais de la division d'hier entre les deux blocs, l'Est et l'Ouest, et désigne un réseau d'alliances politiques, stratégiques et militaires. L'Europe, pour nous, c'est autre chose.

Dans son ouvrage sur le clash des civilisations, et avant de développer sa thèse, Huntington définissait la civilisation comme « un ensemble culturel » auquel plusieurs pays « se sentent appartenir ». Je m'arrêterai à ce critère affectif pour souligner que la notion de civilisation n'est pas réductible à des critères objectifs, déterminables du dehors, et qu'elle engage d'emblée une dimension subjective, comme l'idée de nation, et même de culture. L'appartenance est en effet un sentiment, quelque chose qui s'éprouve – disons un attachement « sentimental » et non un jugement intellectuel. Cette dimension explique que la culture soit capable de *plasticité*, mais aussi de *fixation*, pour reprendre deux concepts qui définissent la libido selon Freud. Les cultures sont ainsi assez plastiques pour adopter des faits sociaux venus d'autres cultures (comme des mythes, des techniques, des mots, des arts, des croyances, etc.). Mais elles sont aussi suffisamment fixées pour résister, parfois farouchement, à l'importation de faits sociaux, religieux, coutumiers ou autres, s'ils sont trop éloignés de leur propre système de pensée. L'Europe est en tout cas pour nous une civilisation et une patrie élargie dont l'avenir dépendra de l'aptitude des nations qui la composent à s'ouvrir à d'autres – tout en préservant leurs langues et leurs héritages les plus fondateurs.

Table

Dans la même série

Perry Anderson
La Pensée tiède
Un regard critique sur la culture française
2005

Jean-Pierre Dupuy
Petite Métaphysique des tsunamis
2005

Alain Lefebvre et Dominique Méda
Faut-il brûler le modèle social français ?
2006

Eva Illouz
Les Sentiments du capitalisme
2006

Antoine Garapon et Denis Salas
Les Nouvelles Sorcières de Salem
Leçons d'Outreau
2006

Sylvie Goulard
Le Coq et la Perle
Cinquante ans d'Europe
2007

Éric Aeschimann
Libération et ses fantômes
2007

Guillaume Tabard
Latin or not latin
Comment dire la messe
2007

Zygmunt Bauman
Le Présent liquide
Peurs sociales et obsession sécuritaire
2007

Antonio Negri
Goodbye Mister Socialism
2007

Georges Bensoussan
Un nom impérissable
Israël, le sionisme et la destruction des Juifs d'Europe (1933-2007)
2008

Myriam Revault d'Allonnes
L'Homme compassionnel
2008

Michaël Fœssel
La Privation de l'intime
Mises en scènes politiques des sentiments
2008

Laurent Ségalat
La Science à bout de souffle ?
2009

Alain Supiot
L'Esprit de Philadelphie
La justice sociale face au marché total
2010

Myriam Revault d'Allonnes
Pourquoi nous n'aimons pas la démocratie
2010

Cécile Laborde
Français, encore un effort pour être républicains !
2010

Élisabeth Roudinesco
Mais pourquoi tant de haine ?
2010

Hamadi Redissi
La Tragédie de l'islam moderne
2011

Élisabeth Roudinesco
Lacan, envers et contre tout
2011

François Bon
Après le livre
2011

Yves Citton
Renverser l'insoutenable
2012

Ami Bouganim
Vers la disparition d'Israël ?
2012

Raphaël Liogier
Le Mythe de l'islamisation
2012

Mireille Delmas-Marty
Résister, responsabiliser, anticiper
2013

Dominique Rousseau
Radicaliser la démocratie
Propositions pour une refondation
2015

Fethi Benslama
Un furieux désir de sacrifice
Le surmusulman
2016

Sylvie Laurent
La Couleur du marché
Racisme et néolibéralisme aux États-Unis
2016

Frédéric Lordon
Les Affects de la politique
2016

Olivier Roy
Le Djihad et la Mort
2016

Didier Fassin
Punir
Une passion contemporaine
2017

Carolin Emcke
Contre la haine
Plaidoyer pour l'impur
2017

Geneviève Fraisse
Du consentement
Édition augmentée
2017

Jean-Noël Jeanneney
Le Moment Macron
Un président et l'Histoire
2017

Michel Agier
L'étranger qui vient
Repenser l'hospitalité
2018

Olivier Roy
L'Europe est-elle chrétienne ?
2019

Nicole Lapierre
Faut-il se ressembler pour s'assembler ?
2020

Gisèle Sapiro
Peut-on dissocier l'œuvre de l'auteur ?
2020

Jean-Pierre Dupuy
La Catastrophe ou la vie
Pensées par temps de pandémie
2021

RÉALISATION : NORD COMPO À VILLENEUVE-D'ASCQ
IMPRESSION : IMPRIMERIE NORMANDIE ROTO S.A.S.
DÉPÔT LÉGAL : OCTOBRE 2022. N° : 151278 (2203760)
IMPRIMÉ EN FRANCE